In Deutschland unterwegs:

Odenwald

Stephan H. Schneider und Sabine Dibowski

Herausgegeben von
Sylva Harasim und Martin Schempp
in Zusammenarbeit mit RUKKA

Die Motorradreisebücher im
HIGHLIGHTSVERLAG

INHALT

Typisch Odenwald: Mittelalterliche Fachwerkromantik im Städtchen Erbach.

Die Hesse komme

Urige Kneipen und stille Obstbaum-Alleen bilden auf dieser Tour das Gegengewicht zur Bankenmetropole Frankfurt.

Das Rhein-Main-Gebiet kennen die meisten bloß von der Autobahn aus, wenn sie an den Bankentürmen vorbei zum Frankfurter Kreuz von A 3 und A 5 brausen. Oder sie werfen bei der Rückkehr vom Urlaub im Landeanflug auf den Flughafen von oben einen kurzen Blick auf das Gewirr aus Schnellstraßen, Eisenbahntrassen, Containerhäfen und Hochhausschluchten, das als »Gateway to Europe« in der ganzen Welt ein Begriff ist.

Dass die Region selbst zum Urlaub reizen kann, erschließt sich dem oberflächlichen Betrachter kaum. Doch wir Motorradfahrer entdecken die Welt eben mit anderen Augen und merken schnell, dass es hier mehr landschaftliche Reize zu sehen gibt als nur die Berg- und Talfahrt der Aktienkurse. Wir lauschen den Liebesschwüren des Johann Wolfgang von Goethe und feiern mit den Rodgau Monotones am Baggersee.

Unsere Tour beginnen wir südlich von »Mainhatten« in **Neu-Isenburg**, das über die A 3 leicht zu erreichen ist. Bereits jetzt können wir, eine südliche Richtung zur Großgemeinde Dreieich-Sprendlingen einschlagend, sehen, warum dort die Deutsche Fachwerkstraße verläuft: Ein Spalier historischer Gebäude säumt schon jetzt unseren Weg.

Beschauliches Bummeln empfiehlt sich aber nicht nur deshalb, sondern auch wegen der Radarkontrollen.

Ab **Sprendlingen** erleben wir dann auf lediglich zehn Kilometern gleich mehrere geschichtliche Epochen. Denn hier setzten im Zuge der Völkerwanderung 250 n. Chr. die Alemannen der römischen Herrschaft ein Ende und gründeten die erste Siedlung auf Sprendlinger Gemarkung, der »Spiren Dillinger Marca«. Aus der Neuzeit hingegen stammt die Villenkolonie im Ortsteil Buchschlag, die ab 1904 vom Frankfurter Kaufmann und Sozialreformer Jakob Latscha ins Leben gerufen wurde. Und zwar als Heimat für Handwerker und Arbeiter, errichtet ohne Bodenspekulantentum.

Wenn wir am Ortsausgang links nach **Dreieichenhain** abbiegen, passieren wir die Burg Hayn, die auf eine mächtige Turmburg des 11. Jahrhunderts zurückgeht. In der um sie entstandenen Burgmannensiedlung ragen die geschnitzten

Tour der Kontraste: Die Apfelbaum-Alleen des nördlichen Odenwaldes (oben) und die beeindruckende Skyline Frankfurts, vom Stadtteil Sachsenhausen aus gesehen (unten).

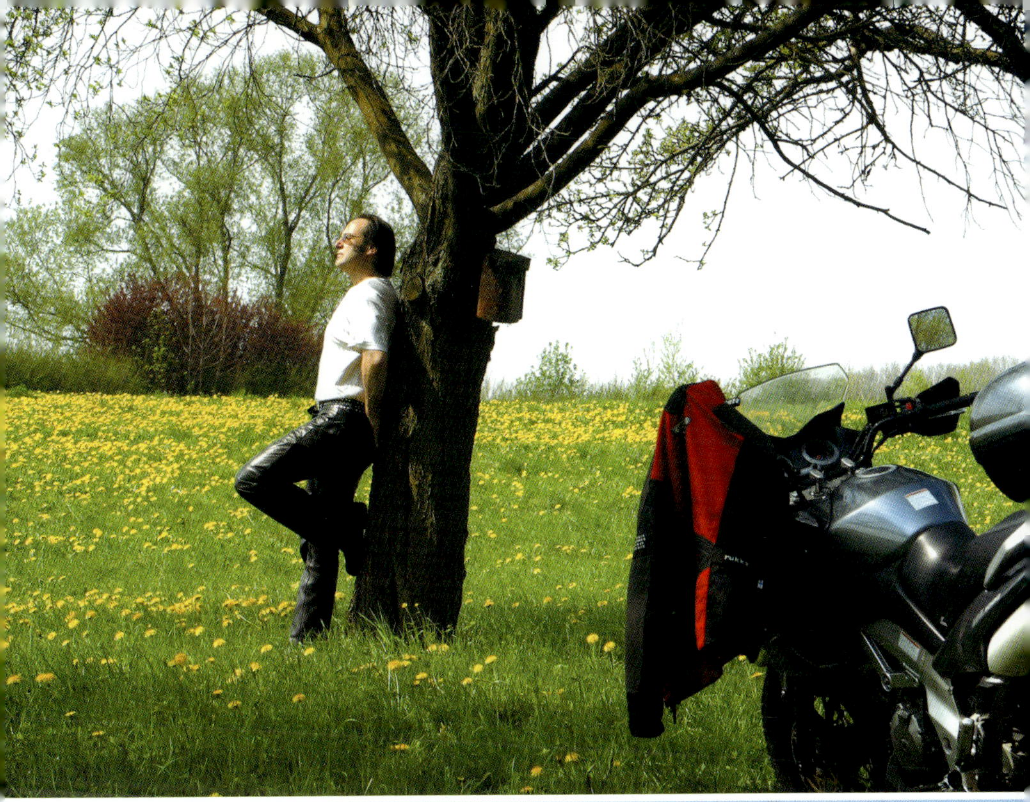

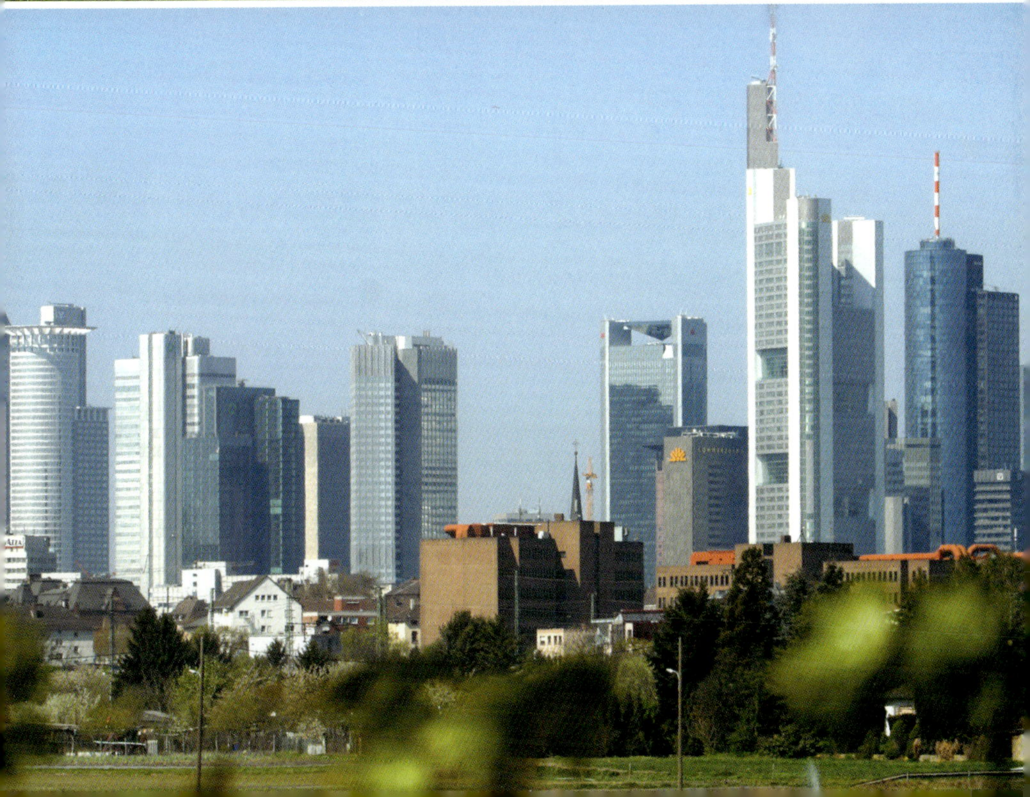

Eckständer und Knaggen des ehemaligen Adelshofes in der Saalgasse, das Spitalmeisterhaus und der Trierische Hof als bauliche Zeugen jener Tage heraus. Schließlich gelangen wir, in **Offenthal** die B 486 querend, in die prähistorische Epoche unseres Planeten. Viele Jahrtausende vor der Menschheit lebte im und um den tertiären Messeler See eine reiche Tier- und Pflanzenwelt im damaligen subtropischen Klima. Beim Abbau der Ölschiefervorkommen wurden die in einmaliger Qualität erhaltenen Fossilien 1875 entdeckt. Die Grube Messel stellt für die Paläontologie eine der ergiebigsten Fundstellen der Welt dar, besonders wegen der hohen Zahl an fossilen Wirbeltieren. Neben vollständigen Skeletten von Krokodilen, Vögeln und Säugetieren wie dem Ameisenbär

wurden hier allein 32 Urpferde gefunden. Als nach Ende des Schieferabbaus in den 70er-Jahren die Verfüllung der Grube als Mülldeponie geplant war, gelang es internationalen Institutionen und Bürgerinitiativen in zähen Gerichtsverfahren, die Vernichtung zu stoppen. Seit 1996 steht die Fossilienfundstelle unter dem Schutz der UNESCO als Weltnaturerbe und kann von einer Besucherplattform aus bestaunt werden.

Bei so viel Urzeit hätten wir fast die Uhrzeit vergessen – also verabschieden wir uns von der tropischen Urwaldlandschaft und durchqueren einen dichten Mischwald unserer Tage fast kerzengerade bis nach **Dieburg**. Diese über einer größeren römischen Siedlung gelegene Stadt stellt zahlreiche Funde aus ihrer Frühgeschichte im Schloss Fechenbach aus, darunter ein seltenes, beidseitig ausgeprägtes Mithras-Relief. Ihre mittelalterliche Wallfahrtskirche ist noch älter als die 1277 vom Habsburger Kaiser Rudolf verliehenen Stadtrechte.

Vorbei an **Groß-Zimmern** und durch **Semd** und **Habitzheim** mit seinem sehenswerten Hofgut entern wir nun von Norden kommend den Odenwald. Anders als im Westen, wenn man aus der Rheinebene schnell an Höhe gewinnt, steigt die Landschaft hier langsam an. Ein interessanter Orientierungspunkt ist dabei die Feste Otzberg. Obwohl auf einem unscheinbaren Hügel inmitten von Feldern und Obstwiesen gelegen, ist das beliebte Ausflugsziel mit Einkehrmöglichkeit weithin sichtbar. Denn der flache Anstieg täuscht über die tatsächliche Höhe. So ist die Erhebung mit den weißen Festungsmauern noch vom Gum-

Randnotiz

Frischer Fisch aus dem Main

Wegen seiner relativ unbelasteten Wassergüte wird der Main noch immer befischt. Gut 20 Fischarten tummeln sich bei Seligenstadt, wo die letzten Berufsfischer fangfrischen Hecht oder Zander verkaufen.

pener Kreuz (Tour 4) aus erkennbar.

Langsam schwingt sich der Motorradfahrer auf den Odenwald ein, gewöhnt sich an die enger werdenden Kehren der Landstraßenallee, die von Pappeln, Buchen und Obstbäumen gesäumt ist. Praktischerweise ist die Straße für Fahrzeuge über 7,5 Tonnen gesperrt, so dass unser Kurventanz nicht behindert wird.

An der B 38 angelangt, biegen wir zunächst links in Richtung Reichelsheim ab, um durch **Brensbach** mit seiner gotischen Kirche, der wechselweisen Ausschilderung nach Höchst, **Höllerbach** oder **Hummetroth** zu folgen. So gelangen wir auf einem herrlichen Kurvensträßchen ohne Verkehr, begleitet von einem Bachlauf inmitten eines hübsch schillernden Birkenwaldes, nach Hummetroth.

Bevor wir aber geradeaus weiter nach **Bad König** fahren, machen wir an der Kreuzung erst einmal einen Abstecher von kaum 200 Metern nach links, denn dort liegt die Ausgrabungsstätte der Haselburg. Als die Legionen des römischen Kaisers Vespasian um 73 n. Chr. über die »Strata montana«, die heutige Bergstraße, vorgerückt waren, hatten sich Handelsniederlassungen und reiche römische Bürger mit ihren Villen im Schutz des Limes angesiedelt.

Die Haselburg beeindruckt durch enorme Ausmaße und ihre luxuriöse Ausstattung mit mehreren Bädern. Anhand der komplett erhaltenen Grundmauern lässt sich gut das fortschrittliche Heizungs- und Wassersystem der Römer studieren und der Unterschied ihres Lebensstils zu dem der Germanen erahnen. Die Anlage ist jederzeit frei begehbar,

Frankfurt

Apfelwein und Sushi, Wolkenkratzer und Fachwerk – Frankfurt gilt als globales Dorf. Seinen Namen verdankt es einer von den Franken gefundenen Furt durch den Main, und bereits 794 war es als Karolingische Pfalz Ort der Reichsversammlung. Seit 1147 wurden hier die deutschen Könige gewählt und später auch gekrönt. Weder der Dreißigjährige Krieg noch die mehrfache französische Besatzung verhinderten den Aufstieg zum bis heute bedeutenden Wirtschaftszentrum. Der Flughafen ist einer der wichtigsten weltweit, und die Europäische Zentralbank hat hier ihren Sitz.

Ein Symbol unserer Demokratie ist die Paulskirche, in der 1848 die Nationalversammlung als erstes deutsches Parlament tagte. Und natürlich ist man stolz auf den Dichterfürsten: Goethe-Platz, Goethe-Straße oder Goethe-Universität. »Götz von Berlichingen« und »Die Leiden des jungen Werther« entstanden hier. Die Hinrichtung von Margaretha Brandt auf dem Rossmarkt 1772 inspirierte Goethe zur Figur des Grethchens im »Faust«.

Sachsenhausen auf der anderen Mainseite ist zwar der dörfliche Gegenpol, entwickelte sich jedoch nach der Zwangsansiedlung besiegter Sachsen durch Karl den Großen nicht weniger bedeutend.

ein am Eingang kostenlos ausliegendes Faltblatt informiert den Besucher ausführlich.

Zurück an der Kreuzung kurven wir hinunter nach **Bad König**. Der bekannte Thermalbadeort weist in seinem großen Kurpark zwei Seen auf, und an das Schloss der Fürsten zu Erbach-Schönberg aus dem 16. Jahrhundert grenzt ein prunkvoller Lustgarten. Beachtenswert ist auch die evangelische Kirche, in der Taufe, Altar, Kanzel und Orgel im Jahr 1751 zusammengefasst wurden.

Weiter durch das hübsche Mümlingtal folgen wir dem Fluss bis **Höchst**. Dort biegen wir auf die B 45 Richtung Dieburg ab. Die stark frequentierte Bundesstraße lässt durch ihren dreispurigen Ausbau eine ganz flotte Kurverei zu.

Bevor es dann aber doch zu öde werden droht, schwenken wir nach **Groß-Umstadt** ab. Bevor diese »Odenwälder Weininsel« 1803 hessisch wurde, gehörte sie wechselnden Herren. Davon zeugen das Pfälzer Schloss aus dem 15. Jahrhundert, das Darmstädter Schloss von 1714 und weitere Adelshöfe. Einen Besuch lohnen auch die frühgotische Stadtkirche und das Renaissance-Rathaus von 1604 an der Stirnseite des idyllischen Marktplatzes mit seinem Brunnen. In der Nähe finden wir gleich an unserem Weg das Gasthaus Zum Lamm, auf dessen Terrasse man typische Gerichte aus Omas Zeiten verspeisen kann.

Das Stadtbild Groß-Umstadts verdeutlicht es: Wir befinden uns hier auf der Deutschen Fachwerkstraße. Und genau auf ihr reisen wir weiter durch **Langstadt** nach **Babenhausen**, dessen gleichnamiges Schloss aus dem 11. Jahrhundert stammt. Die ehemalige Residenz der Landgrafen von Hessen-Kassel war im 19. Jahrhundert Sitz der Roten Dragoner. Heute liegen US-Streitkräfte in der Stadt.

Von hier aus düsen wir schnurstracks durch den Wald auf **Seligenstadt** zu. »Selig sei die Stadt genannt, da ich meine Tochter wiederfand.« Dieser Karl dem Großen zugeschriebene Satz ist am Erker des 1596 erbauten Einhardhauses nahe des Marktes zu lesen und erklärt, wie das ehemals fränkische Königsgut Obermühlheim seinen heutigen Ortsnamen bekam. Einhard, der Biograph des Kaisers, hatte das Königsgut um 815 für seine Verdienste erhalten. Dorthin übersiedelte, gründete er eine Benediktinerabtei und baute 830 die Einhardbasilika, die bis heute als Gotteshaus dient. Doch erst nach seinem Tod 840 etablierte sich der Name Seligenstadt.

Lohnend ist ein Bummel entlang des Mainufers mit den Ruinen der Staufischen Kaiserpfalz von 1240 und ein Spaziergang zur Stadtmauer, an der noch der Steinheimer Torturm (1603) steht. Hübsch anzuschauen und prägend für die gemütliche Atmosphäre der Stadt sind die alten Fischerhäuser. Der großzügige Marktplatz lädt ebenso zum Verweilen bei einer Tasse Kaffee ein wie der Blick auf den Main und die ihn kreuzende Fähre.

Oben: Fossilienlagerstätte Grube Messel, Ruine der ehemaligen römischen Villa Haselburg, Kneipe in Sachsenhausen. Unten: In Seligenstadt kann der Main per Fähre überquert werden.

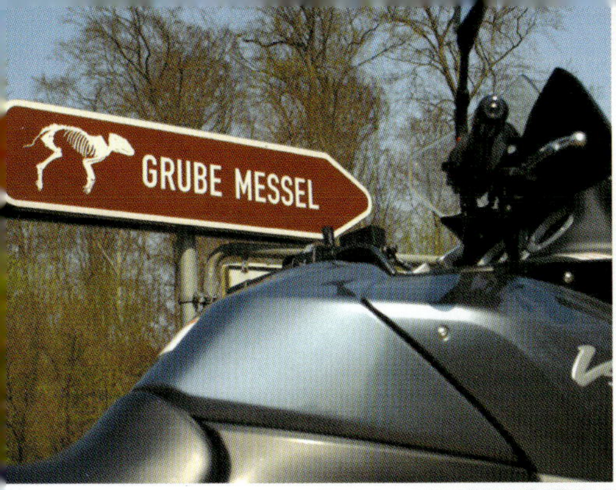

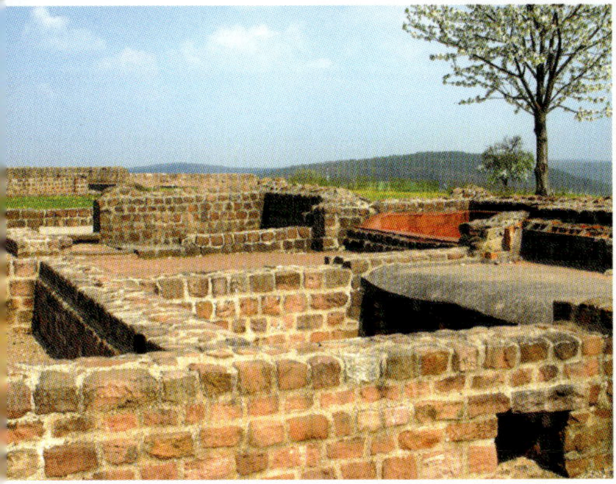

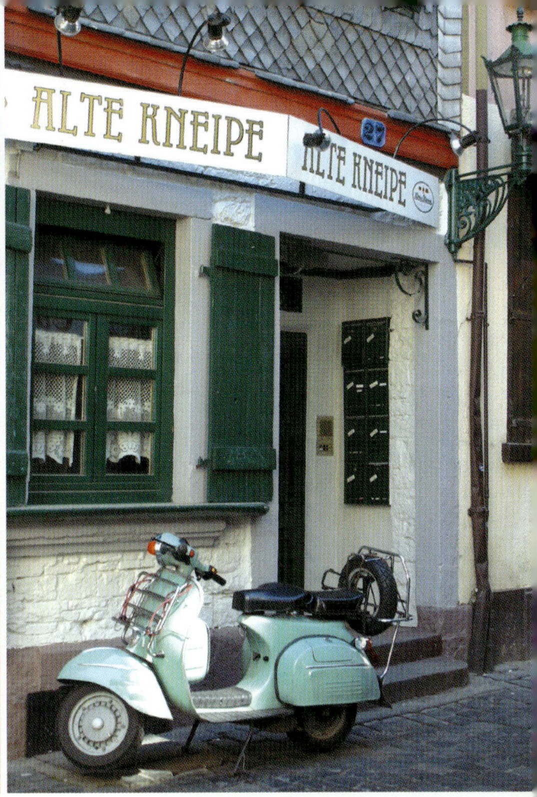

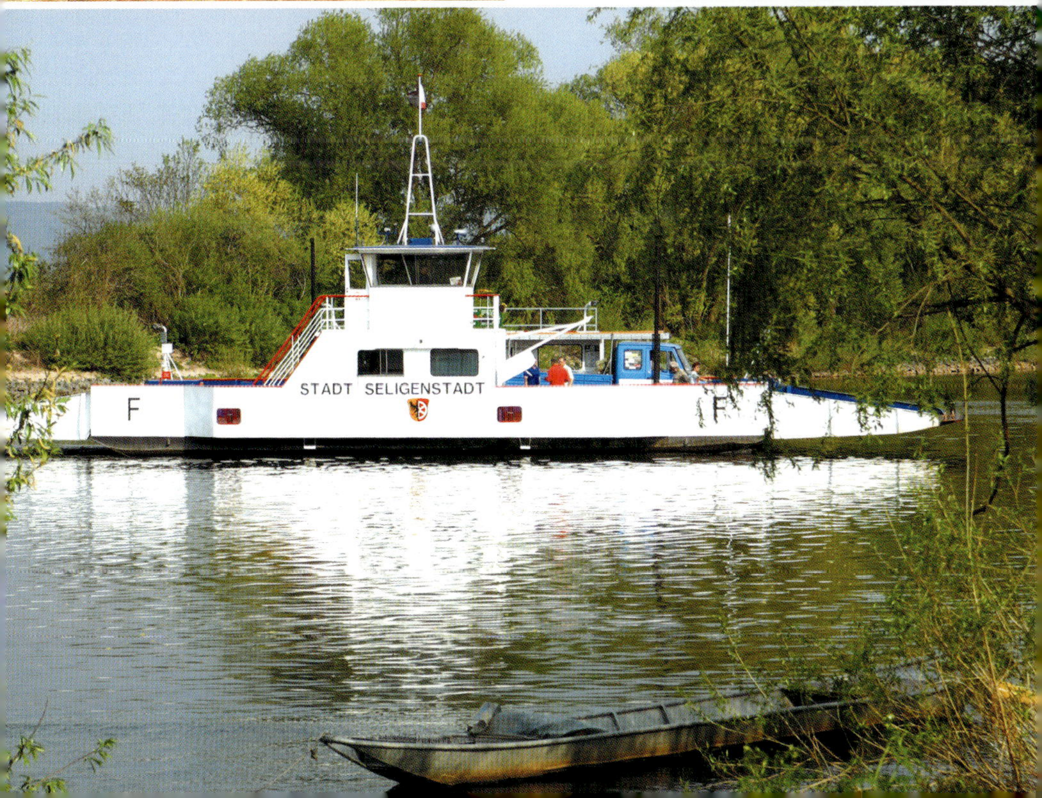

Jetzt lassen wir uns vom Lauf der Sonne nach Westen leiten und cruisen durch den **Rodgau**. Rezepte gegen einen monotonen Alltag lieferten hier bereits vor 20 Jahren die Rodgau Monotones, die in ihrem Hit »St. Tropez am Baggersee« das heimische Badeparadies mit FKK-Strand deutschlandweit bekannt machten. Für Ortsfremde ist der See bei Dudenhofen ausgeschildert.

Locker ließ es bekanntermaßen auch der große Johann Wolfgang von Goethe angehen, in dessen Geburtsstadt **Frankfurt** wir über **Dietzenbach** und die Bundesstraße 459 gelangen. Goethes Geburtshaus im Hirschgraben besuchen jährlich über 130.000 Gäste.

Da geht es am Willemer Häuschen im Stadtteil **Sachsenhausen** etwas lauschiger zu. Hier spielte sich seine bittersüße Liebesgeschichte mit der Bankiersfrau Marianne von Willemer ab, von der Goethes Werk »Der west-östliche Divan« lebt. Überhaupt ist Sachsenhausen so etwas wie das Dorf in der Stadt – mit Pflasterstraßen, teilweise sogar auf den Durchgangsrouten, engen Gässchen und unzähligen Kneipen, in denen viel, aber nicht nur Äppelwoi getrunken wird.

Sachsenhausen ist der Stadtteil der Brunnen und der Türme. Nicht der Bankentürme, die jenseits des Mains emporragen, sondern der spätgotischen Wehrtürme wie des Kuhhirtenturms, der Sachsenhäuser Warte, des Goetheturms – des übrigens höchsten Holzturms Deutschlands – oder des Henningerturms, bekannt vor allem durch das gleichnamige Radrennen.

Sicher steht Sachsenhausen im Zeichen des Tourismus, und nicht jede Gastwirtschaft versprüht südhessischen Charme. Aber hier lässt sich leicht die Nacht zum Tage machen.

Führte man seinen inneren Zwiespalt in der Mundart des hessischen Komiker-Duos »Badesalz«, würde das etwa so klingen: »Ey Langä, wo machsten hie?« »Ei uff Sachsehause, die Nacht dorsch!« »Ach du liewe Zeit, in des Tourisdenescht?« »Ei isch weises ja, awwer gugge muss mer doch ämol.« »Alla hopp, isch bin debei. Es Moppet abgestellt weschem Wachtmeistä, gell, und en Schoppe in de Kopp.«

Man muss die heutige Tour nicht unbedingt so ausklingen lassen. Aber mal ehrlich: Meidet man bei einem Besuch in Paris den Rummel am Montmartre? Also: Wenigstens mol dorschgebummelt, gell!

Kurz-Check

Streckenlänge: ca. 140 km.
Charakter: Leicht. Überwiegend verkehrsarme Nebenstraßen, die jedoch gut ausgebaut sind.
Highlight: Das schmale Landsträßchen von Groß-Zimmern bis nach Brensbach.
Einkehr-Tipp: Das Gasthaus Zum Lamm in Groß-Umstadt.
Absolutes Muss: Ein Bummel durch die Gassen von Sachsenhausen, wahlweise tags oder nachts, mit Besuch einer Äppelwoi-Kneipe.

Unter Räubern

Vom Spessart in den Odenwald und zurück: Auf den einsamen Sträßchen beidseitig des Mains lässt es sich gut Kurven räubern.

Der den Odenwald im Nordosten begrenzende Main bildet nicht nur eine natürliche Barriere, sondern auch eine kulturelle. Die römische Zivilisation endete hier, die Berge jenseits des Flusses sind keltisch geprägt. In der Karolingerzeit war dieses waldreiche Gebiet dem Adel als Jagdgrund vorbehalten, so dass der Spessart noch heute sehr dünn besiedelt ist. Auf unserer Tour kommen wir nur durch eine einzige größere Stadt – Naturliebhaber wissen das zu schätzen. Freunde des lässigen Cruisens erfahren hier einen Hauch von weiter Wildnis, wie man sie sich vielleicht in den Rocky Mountains vorstellt. Endurofahrer können mit geübtem Auge legal befahrbare Waldwege erspähen. Kultur und Zivilisation kommen trotzdem nicht zu kurz, denn mit Schlössern und Burgen ist diese Natur-Tour geradezu gespickt.

Über die Autobahn A 3 anreisend, bieten sich zwei Startpunkte an: Entweder man nimmt das erzbischöfliche Aschaffenburg als Ausgangspunkt und Ziel oder fährt weiter zur Ausfahrt **Weibersbrunn** (Nr. 63), so dass die Stadt genau die Halbzeit der Tour markiert. Wir wählen die zweite Variante, nähern uns dem Odenwald also sozusagen von hinten.

Kaum haben wir die Autobahn verlassen, verschluckt uns tiefer Wald. Der Specht-Hard, der Wald der Spechte, wird seinem Namen selbst nach Jahrhunderten noch gerecht, seine Eichenwälder sind unter Naturfreunden weltbekannt. Wie damals der Hochadel, »jagen« wir Richtung **Hessenthal** und stoßen schon frühzeitig auf die Ausschilderung zum **Schloss Mespelbrunn**.

Es liegt in einem verschwiegenen Tal und überstand in diesem Versteck alle Kriege der vergangenen Jahrhunderte unbeschadet, so dass es im ursprünglichen Zustand zu besichtigen ist. Von März bis November darf die Öffentlichkeit über den großen Wassergraben in das Gemäuer spazieren, das sich nach wie vor in Privatbesitz befindet (Führungen alle 15 Minuten). Einen schönen Ausblick auf das Schloss hat man vom »Wirtshaus im Spessart« aus, das im Schlosspark in den früheren Stallungen eingerichtet ist. Als Drehort des gleichnamigen Spielfilms mit Liselotte Pulver und Carlos Thompson hat die gesamte

Es lebe die Abwechslung: Die Schräglagenspiele lassen sich sehr schön durch Pausen bei Schloss Mespelbrunn, im Wirtshaus im Spessart oder am Straßenrand unterbrechen.

Wirtshaus
im Spessart

Anlage in den 50er-Jahren ihre geheime Lage endgültig einem großen Publikum preisgegeben.

Weiter der Deutschen Ferienroute Alpen-Ostsee folgend, passieren wir das **Schloss Oberaulenbach**, das ebenfalls noch bewirtschaftet wird, und die Ruine Wildenstein, bevor wir westlich zum Main nach **Elsenfeld** schwenken. Ortsnamen wie **Sommerau** und **Himmelthal** geben dabei durchaus die Stimmungslage wieder, in der sich der motorisierte Zweiradwanderer angesichts der elegant geschwungenen und gut ausgebauten Straße befindet. Mit griffigem Asphalt versehen, schlängelt sie sich durch das Tal eines Flüsschens mit dem hübschen Namen Elsava.

Noch aber bleiben wir östlich des Mains. **Klingenberg** ist weithin bekannt für seine Rotweine. Unterhalb der staufischen Clingenburg gelegen, ist die Gemeinde vor allem für ihre Terrassenweinberge berühmt, deren älteste im 12. Jahrhundert angelegt wurden. Ihre Mauern aus dem typischen roten Sandstein stehen heute unter Denkmalschutz und prägen mit einer Gesamtlänge von über 180 Kilometern wesentlich das Landschaftsbild. Die Altstadt bestimmen romantische Gassen zwischen Fachwerkhäusern sowie das 1560 errichtete Stadtschloss mit anschließendem Rosengarten. Auf der Höhe bietet ein Aussichtsturm inmitten einer Ringwall-Anlage eine herrliche Fernsicht vom Spessart ins Maintal bis hinüber in den Odenwald, wohin es uns jetzt zieht.

Am anderen Ufer verdeutlicht **Wörth** die Kulturgrenze. Denn statt mit Ringwällen wie die Kelten, befestigten die Römer ihre Seite zur Zeit des Kaisers Domitian mit einem Kastell. Dessen Grundmauern hat man zwar unter der Erde entdeckt, bislang aber noch nicht freigelegt. Dafür bietet die Altstadt mit Stadtbefestigung und Türmen viel Sehenswertes. Bevor Wörth im 13. Jahrhundert befestigt wurde, war es im 6. Jahrhundert Ausgangspunkt der christlichen Missionierung des Odenwaldes, was die St. Martinskapelle auf dem Friedhof bezeugt. Der Name Wörth bedeutet »erhöhtes Uferland« oder »wasserfreies Land«. Als wichtiger Handelshafen war die Stadt Heimat bedeutender Schiffbauer, und in der inzwischen auf der anderen Mainseite liegenden Werft entstehen noch heute große Transportschiffe für europäische Wasserstraßen. Das Schifffahrts- und Schiffbaumuse-

Randnotiz

Gummi nur für Motorradfahrer

Mit Gründung zweier Gummifabriken Anfang des 20. Jahrhunderts erlangte Breuberg internationale Bedeutung. Das Reifenwerk Metzeler fertigt als einziger Hersteller ausschließlich Motorradreifen.

um in der Rathausstraße informiert über diesen Teil der Geschichte (Samstag und Sonntag 14.00 bis 17.00 Uhr).

Auf der Deutschen Fachwerkstraße geht es jetzt nach **Breuberg**, genauer gesagt in den Ortsteil Neustadt. Auf Anweisung der Burgherren wurde im frühen Mittelalter diese neue Stadt unter dem Südhang der Burg Breuberg angelegt und entwickelte sich zu einem befestigten Marktort, der von Kaiser Karl IV. die Stadtrechte bekam. In der Ortsmitte steht noch heute ein in Deutschland einmaliges Holzkreuz mit den Symbolen des Marktfriedens und der Marktgerichtsbarkeit.

Die Feste Breuberg selbst sicherte ab dem 12. Jahrhundert klösterliche Besitzungen im nördlichen Odenwald und beeindruckt heute als eine der am besten erhaltenen Burganlagen Deutschlands. Zu ihr führt ein beschilderter Weg bis zum Parkplatz unmittelbar an der Burgmauer. Heute dient sie als Jugendherberge und internationale Begegnungsstätte. Nach einer Führung (März bis Oktober täglich von 9.00 bis 12.00 Uhr und 13.00 bis 17.00 Uhr) mit Besuch des Rittersaals und des Handwerksmuseums genießen wir die Gastfreundlichkeit und das breite Angebot des Burgrestaurants im Innenhof.

Gestärkt fahren wir weiter nach Norden und biegen im folgenden **Hainstadt** links nach **Wald-Amorbach** ab. Bereits zur Römerzeit führte ein Weg über den Breuberg-Sattel. Für uns krümmt sich ein frisch angelegtes Asphaltband über die hügelige Landschaft Richtung **Groß-Umstadt**. Griffiger Belag, gute Übersicht, mächtig Fahrspaß. Rechts ab nach

Aschaffenburg

Der Ursprung von Aschaffenburg liegt in einem Königsgut mit frühgeschichtlicher Volksburg. An seiner Stelle gründete Herzog Liudolf von Schwaben, dessen Sohn Otto I. hier begraben liegt, das Stift St. Peter. Dieses ging im 1. Jahrtausend an das Erzbistum Mainz unter Erzbischof und Reichs-Erzkanzler Willigis über. Dieser errichtete 987 die erste Holzbrücke über den Main, an deren Stelle heute die Willigis-Brücke steht.

Als bedeutender Handelsplatz erhielt Aschaffenburg im 12. Jahrhundert Münzerlaubnis, Markt- und Stadtrecht. Nach Auflösung des Mainzer Kurstaates wurde 1803 das Fürstentum Aschaffenburg gebildet, das aber nur sieben Jahre währte. Carl Theodor von Dalberg förderte vor allem das Bildungswesen und gründete die Carls-Universität und das Theater. Mit Ende der Napoleonischen Kriege fiel die Stadt 1814 an Bayern. Wegen ihrer Papier-, Motoren- und Messwerkzeug-Industrie wurde sie 1944/45 weitgehend zerstört. Doch inzwischen bietet das »bayerische Nizza«, wie König Ludwig I. von Bayern die Stadt einmal nannte, wieder ein prächtiges Panorama. Ein Spaziergang am Mainufer oder durch die Parkanlage Schönbusch beweist die Berechtigung dieses Vergleichs.

Klein-Umstadt, dann an der folgenden T-Kreuzung nach **Radheim**.

Der Ursprung des Ortsnamens **Pflaumheim**, das althochdeutsche Wort »pluomo«, hat noch immer Gültigkeit für den fruchtbaren Plumgau rund um **Großostheim**. Duftende Rapsfelder und grüne Wäldchen bedrängen die nach wie vor perfekt ausgebaute Landstraße, die der Romantik der Ortsdurchfahrten durch Pflasterbelag Rechnung trägt. Zwiebeltürme machen uns darauf aufmerksam, dass wir uns jetzt auf bayerischem Boden befinden. Denn nachdem über 500 Jahre lang die Mainzer Erzbischöfe die Geschicke der Region bestimmt hatten, fiel sie nach der Besetzung durch österreichische Truppen 1814 an das Königreich Bayern.

Den Glanz des ehemaligen Fürstentums **Aschaffenburg** erkennt der Reisende sofort, wenn er über die Willigis-Brücke in die Stadt rollt. Die Erzbischöfe und Kurfürsten von Mainz hatten dieses sächsische Königsgut zu ihrer Zweitresidenz erhoben und hinterließen mit Schloss Johannisburg einen Prachtbau der Spätrenaissance. Ein beeindruckendes Zeugnis des Beginns dieser Epoche ist die auf das 10. Jahrhundert zurückgehende Stiftskirche auf dem höchsten Punkt der Altstadt. Ihre romanischen Pfeilerarkaden umsäumen den Kreuzgang, den Ostchor und die Portale, während der Turm mit seinem oktogonalen Oberbau erst im 16. Jahrhundert fertiggestellt wurde.

Mit dem Park Schönbusch im Südwesten und seinem darin liegenden Schloss besitzt die Stadt einen der ältesten Landschaftsgärten Deutschlands, der mit künstlichen Bergen, Tempeln, Dörfern und mehreren Brücken ein anschauliches Beispiel für den feudalistischen Lebensstil liefert.

Einen weiteren noblen Superlativ hält die »Rosso Bianco Collection«, die größte Renn- und Sportwagensammlung der Welt, bereit. In der Obernauer Straße parken auf rund 12.000 Quadratmetern ständig über 200 Automobile von Abarth bis Zagato und noch einmal fast genauso viele Motorräder (April bis Oktober, Dienstag bis Sonntag, 10.00 bis 18.00 Uhr, www.rosso-bianco.de).

So viele herrlich verpackte Pferdestärken regen natürlich die Lust an, selbst am Gasgriff zu drehen. Wir verlassen deshalb die Residenzstadt über die B 8 nach Hanau, um dann Richtung **Hörstein** und **Mömbris** in den Spessart einzubiegen. Zügig erklimmen wir den Hahnenkamm und zaubern perfekte Schräglagen auf den Belag. Kurve an Kurve, fast wie am Fließband. Das Verkehrsaufkommen hält sich in Grenzen, und wir können die Kurverei in vollen Zügen genießen.

Die Römer taten sich am Hahnenkamm viel schwerer. Wie ein keltischer Ringwall westlich von **Hemsbach** belegt, bissen sich ihre Legionen hier die Zähne aus. Schon 4000 Jahre vor Christus war der westliche Spessart besiedelt. Im Wald oberhalb **Schimborns** finden

Oben links: Aschaffenburg, das »bayerische Nizza«. Oben rechts: Fachwerkhaus von 1569 in Breuberg-Neustadt. Unten: Die phantastische »Rosso Bianco Collection« in Aschaffenburg.

sich Hügelgräber aus der Bronzezeit, die 20 Jahrhunderte vor unserer Zeitrechnung angelegt wurden. Es war eine raue Gegend, dieses riesige Waldgebiet, das erst mit der Christianisierung und der Errichtung von Klöstern allmählich erschlossen wurde. Karl der Große versorgte die Kirchengüter mit großen Forstgebieten, in denen sich später der Landadel ansiedelte. Dieser musste seine Schlösser und Jagdsitze mit Wassergräben gegen Räuberbanden schützen. Was heute an den Schlössern Mespelbrunn oder Oberaulenbach so märchenhaft wirkt, war damals bittere Notwendigkeit.

Außerdem konnten sich die Herrschaften teilweise untereinander nicht leiden und befehdeten sich gegenseitig. König Rupprecht hatte 1405 die Nase voll und ließ die Burgen Hauenstein, Hüttelngesäß und Womburg bei Mömbris als »Raubritternester« niederbrennen. Heute sind die Ruinenreste vom Wald überwuchert.

Die flotten Schräglagenspiele bringen uns in Richtung **Schöllkrippen.** Dort heißt es, in der Konditorei Denk, noch einmal den Blutzuckerspiegel auf Normalniveau zu bringen. Denn jetzt wird es richtig sportlich.

Hinter dem Abzweig nach **Kleinkahl** lassen wir quasi die Zivilisation hinter uns und konzentrieren uns nur auf das Sträßchen, das zigfach gekrümmt der Beschilderung nach **Wiesen** folgt. Die Bäume lassen ihre Äste bis dicht an die Fahrbahn heranragen und malen hübsche Schattenspiele auf den Asphalt. Der Gegenverkehr besteht in der Regel aus Motorrädern mit langen Federwegen, die für den welligen Asphalt und die verwinkelten Ecken dieses Teilstücks wie geschaffen sind.

Vor Wiesen weist die Ausschilderung Richtung Autobahn und Aschaffenburg den Weg zur Spessart-Höhenstraße. Auf ihren lang gestreckten Bögen bekommen Bremsen und Getriebe eine kurze Erholungspause. Der fünfte Gang meldet sich zurück, und wir stoßen am Ende einer langen Geraden links hinunter nach **Jakobsthal.** In lockeren Wechselkurven geht es am Lohrbach entlang an **Heigenbrücken** vorbei zurück Richtung Autobahn, zum Ausgangspunkt unserer Räuber-Runde. Wir kreuzen die B 26, lassen hohe Sandsteinfelsen links liegen und sind bald am Ende einer Tour angelangt, die auf perfekte Weise Fahrspaß mit Naturgenuss verbindet.

Kurz-Check

Streckenlänge: ca. 165 km.
Charakter: Mittelschwer. Ruhige, gut zu fahrende Nebenstraßen. Sie verlangen in den teilweise gepflasterten Ortsdurchfahrten Umsicht.
Highlight: Ab Schöllkrippen über 30 Kilometer Kurven ohne eine Ortsdurchfahrt.
Einkehr-Tipp: Das Burgrestaurant von Burg Breuberg, einer der schönsten Anlagen Deutschlands.
Absolutes Muss: Die Sehenswürdigkeiten von Aschaffenburg.

Land des Frühlings

Die Bergstraße, die Region am Westrand des Odenwaldes, lockt mit mildem Klima, mediterranem Flair und hübschen Städtchen.

Die Römer nannten sie ehrfurchtsvoll »Strata montana«, und der Habsburger Kaiser Joseph II. rief erfreut aus: »Hier fängt Deutschland an, Italien zu werden!«

Begeistert von der Bergstraße war auch der reisende Dichterfürst Goethe. Der pflegte vermutlich nur allzu gerne südlich seiner Heimat Frankfurt Erinnerungen an die italienische Reise und bürgt in jedem Fall dafür, dass man hier schon im Februar »den Frühling riechen« kann. Unstrittig ist die römische Herkunft des Namens Bergstraße, der sowohl für den Landkreis steht, mit der Kreisstadt Heppenheim als politischem Mittelpunkt, als auch für die Landschaft am westlichen Hang des Odenwaldes. Dieser schützt im Osten zusammen mit dem Pfälzer Wald im Westen das vom Mittelmeer durch Rhône- und Rheintal bis hierher wirkende milde Klima und ermöglicht so die Existenz einer der wärmsten Gegenden Deutschlands. Besonders prächtig zeigen sich Bergstraße und vorderer Odenwald ab März mit der Mandelblüte und im goldenen Oktober, wenn sich das Weinlaub färbt.

Über die Autobahnen A 5 und A 67 gelangt man schnell nach **Darmstadt**, dem nördlichsten Punkt unserer Route, der sich gerne Wissenschaftsstadt nennt.

Denn hier haben nicht nur eine Technische Universität und eine große Zahl wissenschaftlicher Institute ihren Sitz, von denen die Gesellschaft für Mathematik und Datenverarbeitung die Elite deutscher Programmierer versammeln soll. Es gibt auch noch die Deutsche Akademie für Sprache und Dichtung, die den renommierten Georg-Büchner-Preis vergibt, sowie das Deutsche Poleninstitut.

»Stadt der Künste« ist ein weiteres Attribut Darmstadts, das die Stadt aufgrund der Künstlerkolonie Mathildenhöhe und ihrer Galerie des 19. Jahrhunderts (geöffnet Dienstag bis Sonntag 10.00 bis 17.00 Uhr) sowie dem Institut für Neue Technische Form (Industriedesign, Dienstag bis Samstag 10.00 bis 18.00 Uhr, Sonntag 10.00 bis 13.00 Uhr) zu Recht trägt. Am Rande des Stadtkerns mit dem Luisenplatz im Zentrum findet man die von Friedensreich Hundertwasser errichtete Waldspirale. Ein sehenswertes Gebäude mit Vorbildcharakter, von dessen Café im Obergeschoss aus

Weinheim, die Stadt mit dem italienischen Flair. Gemütliche Cafés, Bistros, Geschäfte und Galerien säumen den Marktplatz. Der Pausenstopp hier ist ein absolutes Muss.

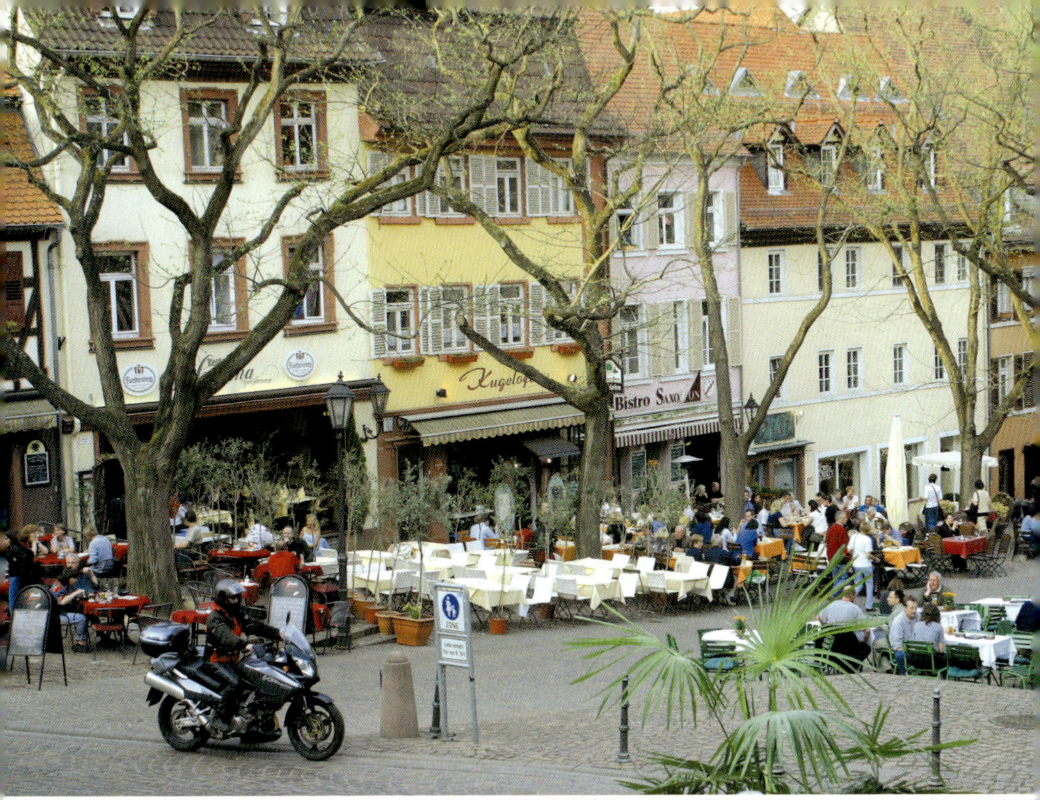

Winzerstube
HOTEL
RESTAURANT
Goldener Pflug
Radeberger
HOTEL

Kugelofen

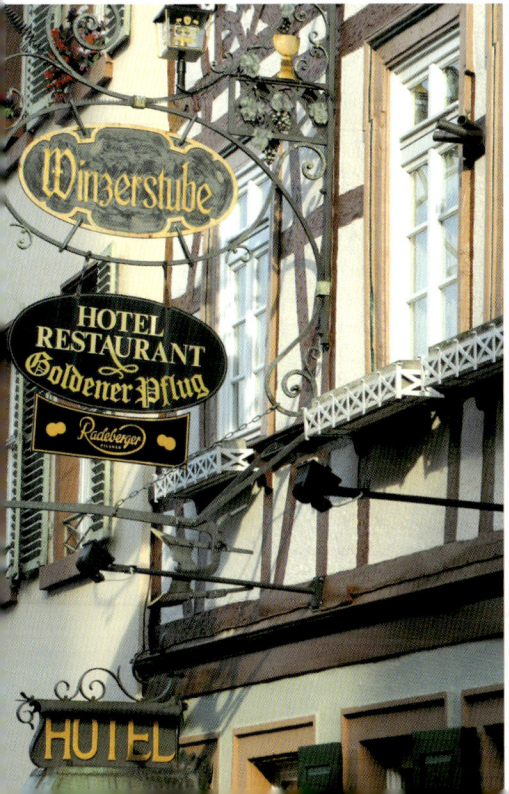

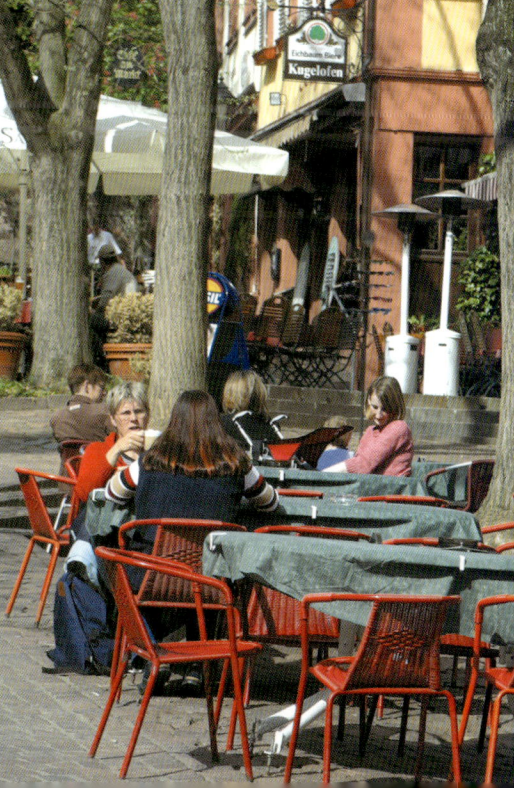

man einen schönen Blick über die Stadt hat. Nicht zu vergessen: Das Hessische Landesmuseum bietet neben Werken von Feininger, Dix oder Rubens eine Glasgemäldesammlung sowie zoologische und geologische Exponate (Dienstag bis Samstag 10.00 bis 21.00 Uhr, Sonntag 11.00 bis 17.00 Uhr).

Hier ließe sich ein Tag ohne Langeweile verbringen, doch wir schnuppern Richtung **Nieder-Ramstadt** schon mal ein wenig Odenwälder Luft und gelangen über die B 426 unterhalb von Burg Frankenstein auf die so genannte »Alte Bergstraße«. Sie ist zwar nicht identisch mit dem Verlauf des römischen Pflasterwegs, der als Transport- und Nachschubweg das Herz des Reiches mit seiner nördlichen Grenze am Limes im

Randnotiz

Viel Aussicht auf der Tour

Entlang der Bergstraße sind zwischen Darmstadt und Heidelberg rund 32 Burgen und Schlösser zu sehen. Im Schnitt also alle 1,7 Kilometer eine Sehenswürdigkeit. Hinzu kommen noch Türme, Bergkirchen oder Klöster.

Taunus verband, und schon gar nicht so alt. Aber seit die B 3 an **Seeheim** und **Jugenheim** vorbeiführt, ist sie eben die ältere Verbindung zwischen Darmstadt-Eberstadt und Zwingenberg – und die sehenswertere. Denn das Seeheimer Rathaus von 1599 beherbergt das Museum zur Burg Tannenberg, deren Ruine über der Doppelgemeinde thront. Ihr Burgherr stiftete 1263 die Bergkirche auf dem Heiligenberg, der noch das gleichnamige Schloss und das Mausoleum derer von Battenberg/Mountbatten trägt. Nicht zuletzt durch die enge Bindung an das englische Königshaus war hier zu Beginn des 20. Jahrhunderts ein Treffpunkt des europäischen Hochadels.

Vorbei an Ruine Jossa fahren wir in **Alsbach** links ab und durch den Wald hinauf zum Alsbacher Schloss. Bereits im 17. Jahrhundert verfallen, ist es inzwischen in großen Teilen rekonstruiert und bietet neben einer Gaststätte mit Gartencafé im Burghof einen phantastischen Blick in die Region.

Mit dem nächstgelegenen **Zwingenberg** besuchen wir die wohl älteste Stadt der hessischen Bergstraße. Ihre tatsächliche Gründung liegt zwar im Dunkeln der Geschichte, aber im 11. Jahrhundert wird sie erstmals schriftlich erwähnt. Existenz und Name rühren von ihrer strategischen Lage her: dicht am Berghang und ursprünglich umgeben von Sümpfen. So musste sich der gesamte Handelsverkehr durch dieses Nadelöhr zwängen bzw. konnte von der zuerst errichteten Wasserburg aus »in die Zwinge« genommen werden.

Obwohl der französische König Ludwig XIV. die Stadt 1693 fast vollständig niederbrennen ließ, prägen nach wie vor winklige Gassen und Treppen die historische Altstadt. Vom Marktplatz gelangt man vorbei an alten Adelshöfen in die Oberstadt und zu den Resten der Burg. Im unteren Teil lässt es sich mühelos an der Stadtmauer entlang zum Schlösschen von 1520 schlendern, in dem heute das Rathaus untergebracht ist. Die gegenüber beginnende Scheuergasse ist saniert und bietet mit Wohnungen, Galerien und Gaststätten ein malerisches Bild. Eine der historischen Scheuern gibt überdies dem Heimatmuseum ein Zuhause.

Weiter auf der von Mandel- und Magnolienbäumen gesäumten B 3 cruisen wir zu Füßen des Schlosses Auerbach und vorbei am Staatspark Fürstenlager nach **Bensheim**. Auch hier lohnt ein Gang durch die Altstadt rund um den Marktplatz, auf dem täglich Obst- und Gemüsemarkt ist. Wer Zeit und etwas Kondition mitbringt, kann in etwa 20 Minuten durch die Weinberge auf den Kirchberg steigen, den das Kirchberghäuschen krönt – ein Ausflugslokal –, das im 19. Jahrhundert im Stil eines römischen Tempels erbaut wurde. Bevor es weitergeht, entspannen wir uns stilvoll im Café Ernst Ludwig, das in der Residenz des gleichnamigen Adligen direkt an der Bundesstraße im heutigen Stadtpark liegt.

Auf der folgenden Alleenstraße nach **Heppenheim** passieren wir den Rebmuttergarten, in dem seit über 75 Jahren Unterlagsreben gezogen werden. Der deutsche Weinbau drohte nämlich zu Beginn des 20. Jahrhunderts Opfer der Reblaus zu werden. Wegen der guten klimatischen Bedingungen, die schon die Römer nutzten, begann man an der Berg-

Weinheim

*E*ine erste Besiedlung am Ausgang des Weschnitztales durch die Kelten ist bereits für 1000 v. Chr. belegt. Zwischen 70 v. Chr. und 250 n. Chr. herrschen die Römer, die die Bergstraße zu einer Heerstraße befestigen. Um 500 sorgt der Frankenführer Wino für den Namen Winnenheim, der erstmals 755 im Lorscher Kodex beurkundet wird. Im Jahre 1000 verleiht Kaiser Otto Weinheim das Marktrecht, und ab dem 11. Jahrhundert dürfen hier sogar Münzen geprägt werden. Ende des 13. Jahrhunderts wird Burkhard Swende von Weinheim Hochmeister des Deutschen Ritterordens.

Die Stadt wechselt im Dreißigjährigen Krieg mehrfach den Besitzer. Pfalzgraf Johann Wilhelm verlegt 1698 für eine Weile seine Residenz nach Weinheim, einschließlich der Münzstätte und der Druckerei, in der das Kurpfälzische Landrecht gedruckt wird. Sogar die Universität Heidelberg übersiedelt hierher. Johann Wolfgang von Goethe besucht 1775 das erste Mal Weinheim, und im 19. Jahrhundert nimmt mit der Firma von Carl Johann Freudenberg ein Weltunternehmen seinen Anfang. Freiherr Christian von Berckheim legt zu der Zeit den größten Exotenwald Europas an. Die zweite Burg Weinheims, die Wachenburg, entsteht erst zu Beginn des 20. Jahrhunderts.

straße resistente Reben zu züchten. Die bei der Gründung gepflanzten fünf Reihen Riesling liefern noch immer gute Erträge, und der jeweilige Leiter des Staatsweingutes freut sich über sein prachtvolles Wohnhaus in den Weinbergen.

Am Ortsausgang von Heppenheim schwenken wir dann links in den Odenwald Richtung Mörlenbach, denn die Reifenflanken hatten bisher wenig zu tun. Doch jetzt weisen zahlreiche, sich teilweise zuziehende Biegungen und Serpentinen im Wald den Weg hinauf zum Aussichtspunkt **Juhöhe** und hinab durch **Bonsweiher** nach **Mörlenbach**.

An der Einmündung auf die verkehrsreiche B 38, nutzen wir diese links abbiegend ein kurzes Stück, um zur ehemaligen Bergrennstrecke Zotzenbach zu gelangen. Bis in die Achtziger Jahre zählte die internationale Veranstaltung auf der 3,8 Kilometer langen Strecke zum Deutschen Bergpokal, um den außer Solomotorräder und Gespanne sogar Formelrennwagen kämpften. Dieser Asphalt-Tango hinauf zur **Kreidacher Höhe** ist ein Muss für jeden Schräglagenfreund, erfreut jedoch den gemütlichen Zweiradwanderer ebenso mit vielen schönen Panoramen hinunter in die Täler. Oben hat sich dann jeder ein deftiges Mahl auf der Aussichtsterrasse im Gasthaus auf der Kreidacher Höhe verdient, das mit preiswerten Tagesgerichten und typischen Odenwälder Spezialitäten lockt.

Leider steht uns Motorradfahrern an Wochenenden und Feiertagen nur die parallel verlaufende Alternativstrecke durch **Weiher** zur Verfügung – das Gespenst der Streckensperrung geht um. Aber essen dürfen wir oben wenigstens etwas.

Außerdem versöhnt uns die weitere Etappe nach **Abtsteinach**, das am Fuße des fast 600 Meter hohen Hardbergs liegt. Von dort geht es rechts ab über einen kleinen Hügel hinunter ins Gorxheimertal. Und auch dort, in den Serpentinen vor **Trösel** kann man sich schwindelig fahren. Bevor uns die endlosen Ortsdurchfahrten nach Weinheim hinein nerven, stoßen wir am Ortsende von **Gorxheim** spitzwinklig rechts hinauf an **Buchklingen** vorbei nach **Löhrbach**. Wir dürfen erleben, wie man auf der knuffigen Bergroute bereits zwischen 60 und 80 Stundenkilometern ein flotter Straßenfeger ist. Jetzt erst schlängeln wir uns links hinunter nach **Birkenau** und dann weiter nach **Weinheim**.

Zielsicher folgen wir in Weinheim der Ausschilderung zum Marktplatz, in dessen unmittelbarer Nähe uns sogar ein Motorradparkplatz erwartet. Hier lockt mehr als anderswo das Flair einer südländischen Piazza mit Cafés, Bistros, Galerien, kleinen Geschäften und Restaurants. Kein Zweifel: Italien beginnt an der Bergstraße, wer es auch immer als Erster bemerkte. Von hier sind es zudem nur ein paar Schritte zum Schlosspark mit seinem Exotenwald, in dem seit 1730 die älteste Zeder Deutschlands steht. Über 100 Mammutbäume sind zu bestaunen, aber auch Schuppenhickory, Japanische Flügelnuss oder andere selt-

Oben: Blick vom Kirchberg von Bensheim auf die Bergstraße. Unten links und rechts: Russische Kapelle und Museumseingang (jeweils Künstlerkolonie Mathildenhöhe in Darmstadt).

same Gewächse. Ebenfalls sehenswert: das Obertor und die mittelalterliche Stadtmauer mit Rotem Turm, Blauem Turm und Hexenturm. In der Amtsgasse informiert ein Museum über die Ortsgeschichte (Dienstag bis Samstag 14.00 bis 17.00 Uhr, Sonntag 10.00 bis 17.00 Uhr). Reizvoll ist auch ein Spaziergang durch das Gerberbachviertel mit seinen Fachwerkhäusern, von wo aus man zur Burgruine Windeck wandern kann.

Hat man sich genug die Füße vertreten, rollt man von der höher liegenden Altstadt hinunter zur B 3 und fährt wieder auf der Bergstraße Richtung Norden. Die ist hier übrigens Teil der Badischen Weinstraße. Denn erst wenn wir in **Hemsbach** links Richtung Autobahn abgebogen sind, erreichen wir in **Hüttenfeld** – aus Baden-Württemberg kommend – wieder Hessen. Am Kreisverkehr nach der Ortschaft fahren wir rechts ab in nördlicher Richtung nach **Lorsch**. So können wir auf dieser von Birken gesäumten Parallele zur Bergstraße einen wunderbaren Blick auf die Hügelkette des Odenwaldes werfen. Kleinere Wälder verdecken die Dächer der Ortschaften und vermitteln so ein Gefühl für die Ursprünglichkeit dieser Landschaft zur Zeit der Römer.

Fährt man am Ortseingang rechts ab um Lorsch herum, bleibt einem dieser Blick erhalten. Lohnenswert ist es aber auch, geradeaus direkt bis zum historischen Marktplatz zu fahren, den das Fachwerkrathaus und das zum Weltkulturerbe erklärte Kloster flankieren.

Hinter **Einhausen** stoßen wir dann kerzengerade in den Jägersburger Wald, der mit seinem sumpfigen Boden und seinem dichten Bewuchs ein bekanntes Vogelparadies ist. Ab **Groß-Rohrheim** erreichen wir auf der B 44 in **Gernsheim** den Rhein, über den wir mit der Fähre nach Rheinland-Pfalz gelangen könnten. Doch so schön es ist, am Ufer in der Sonne zu sitzen – es zieht uns wieder zurück zur Bergstraße. Kaum gelangen wir nach den letzten Häusern auf freies Feld, erkennen wir schon jenseits von **Hähnlein** die blauen Berge bei Seeheim-Jugenheim.

Kurz bevor das uns bereits bekannte Alsbach auftaucht, fahren wir vor der Brücke über die B 3 links zu dieser hinunter. Denn so können wir hinter **Bickenbach** geradewegs durch den kühlen Wald düsen und lassen zum Abschluss doch noch die anfänglich gemiedene »Neue Bergstraße« zu Ehren kommen.

Kurz-Check

Streckenlänge: *ca. 135 km.*
Charakter: *Leicht. Durchgängig locker und problemlos befahrbar. Touristisch erschlossene Region mit guter Ausschilderung.*
Highlight: *Die ehemalige Bergrennstrecke Zotzenbach.*
Einkehr-Tipp: *Das Gasthaus auf der Kreidacher Höhe.*
Absolutes Muss: *Das südländische Leben auf dem von alten Robinien eingerahmten Marktplatz von Weinheim.*

Sagenhafte Tour

Der Odenwald birgt einen reichen Sagenschatz und alte Legenden, von deren wahren Kern wir uns heute noch überzeugen können.

An die entlegenen Regionen zwischen der Rheinebene im Westen und dem Bauland im Osten, vom Kraichgau im Süden bis zum Spessart im Norden knüpfen sich zahlreiche Geschichten von Spuk und Wundern, von Hexen und Geistern, von Frevel und Sühne. Schon in der Sammlung Deutscher Sagen von Jacob und Wilhelm Grimm finden sich einige Geschichten aus dem Odenwald. Wie so oft bergen die Jahrhunderte alten Mythen einen wahren Kern, und an den historischen Orten lässt sich noch heute der Zauber der Begebenheiten fühlen. Dabei sind nicht selten gerade die besonders märchenhaft klingenden Geschichten tatsächlich geschehen und verbürgt, wie wir auf unserer fantastischen Reise erleben werden.

Diese beginnen wir, von der A 67 oder A 5 kommend, in der Rheinebene bei **Hähnlein**, wo wir den Schildern nach **Langwaden** folgen. Zwischen den beiden Ortschaften lässt sich die urzeitliche Landschaft erahnen: Ein vom damals noch ungezähmten Rhein, dem Winkelbach und der Weschnitz gespeistes Moor, das zum Leidwesen mancher Hausbesitzer nach Jahren der Trockenheit erneut an den Ortsrändern nagt und sich als Feuchtbiotop bis in den Jägers-

burger Wald zieht. In diesem teilweise sumpfigen Forst kann man gut die natürliche Flora und Fauna studieren. Besonders Ornithologen kommen dort auf ihre Kosten. Selbst vom Motorradsattel aus sieht man zum Beispiel während der Fahrt über den kerzengeraden Straßendamm nach **Biblis** immer irgendwelche Raubvögel. Wir fahren um Biblis herum weiter nach **Nordheim** und lassen das 30 Jahre alte Kernkraftwerk rechts liegen. Urplötzlich erscheint beim Maulbeerauer Altrhein die Rheinbrücke nach **Worms** mit ihrem märchenhaften Turmtor in der Mitte. Durch dieses holpern wir in die älteste Stadt Deutschlands hinein.

Die zweitausend Jahre alte Siedlung heißt seit dem 6. Jahrhundert Worms. Die Stadt pflegt ihr Vermächtnis als vormals freie Reichsstadt mit großem Aufwand: Von der mittelalterlichen Mauer sind noch große Teile vorhanden und begehbar. Seit 1076 beherbergt Worms den ältesten jüdischen Friedhof Europas mit den Gräbern berühmter Gelehrter.

Worms ist die älteste Stadt Deutschlands. Optische Glanzlichter setzen das Denkmal des Hagen von Tronje (oben links) und das Nibelungentor auf der Rheinbrücke (oben rechts).

Worms 41 km 47
Lindenfels 3 km

47 Michelstadt/Odw. 24 km

38 Darmstadt 38 km
Reichelsheim 5 km

Anlässlich des Reichstages 1521 fand hier in der Kaiser- und Bischofspfalz die bedeutende Begegnung zwischen Kaiser Karl V. und Martin Luther statt, an deren Auswirkungen das Lutherdenkmal als größtes Reformationsdenkmal der Welt erinnert.

Vor der Stadtmauer steuern wir hinter der Rheinbrücke rechts ab zum Hagen-Denkmal direkt am Flussufer. Die 1905 errichtete Bronzestatue zeigt den stämmigen Recken, der die Nibelungen vom Rhein zu den Hunnen in den Tod führte, wie er gerade den sagenumwobenen Nibelungenschatz in den Fluten versenkt. Ernstzunehmende Forscher behaupten, dieser Schatz werde eines Tages genauso entdeckt wie seinerzeit Troja.

Richtung Zentrum passieren wir die Stadtmauer, wo im Torturm ein modernes Nibelungenmuseum eingerichtet ist (Dienstag bis Sonntag 10.00 bis 17.00 Uhr, Freitag 10.00 bis 22.00 Uhr). Neben dem Nordportal des Doms, des Ortes des Streits zwischen Brunhild und Kriemhild, und dem Siegfriedstein auf dessen Südseite, ist das Museum ein neuer Magnet für Nibelungenfreunde. Wir fahren zurück über die Rheinbrücke und machen uns nun auf, die blauen Berge im Osten zu erkunden.

Dazu düsen wir zunächst auf der bis nach Ungarn führenden Nibelungenstraße zum Marktplatz von **Lorsch**. An dessen Stirnseite liegt gegenüber des Fachwerk-Rathauses das Kloster, das 764 unter König Pippin von Gaugraf Cancor und seiner Mutter Williswinda gegründet wurde.

Lorschs Geschichte ist rätselhaft. Sein ursprünglicher Name Lauresham steht – vollkommen unüblich – in keinem Zusammenhang mit diesem Kloster. Und nicht einmal die berühmte Königshalle, von der UNESCO zum Weltkulturerbe ernannt, gibt ihre Geheimnisse preis. Die bisherige Auffassung, sie sei 774 für Kaiser Karl den Großen erbaut worden, als er nach seinem Sieg über die Langobarden aus Italien heimkehrte, wird inzwischen angezweifelt. Ihre Funktion ist noch unsicherer. Eine Art römischer Triumphbogen zu Ehren des lateinischen Kaisertums? Eine Stätte des Gerichts? Eine Bibliothek? Während die Blüte des Klosters zur Zeit der Karolinger und Ottonen unstrittig ist, wird sein Niedergang entweder auf einen Brand im Jahr 1090 oder auf das Ende der benediktinischen Ära fast 150 Jahre später datiert.

Randnotiz

Weibliche List in Bensheim

Im Dreißigjährigen Krieg soll eine Frau die Bayern durch einen Geheimgang in die Stadt geführt und damit die schwedische Belagerung beendet haben. Seitdem ist die »Fraa vun Bensen« das Wahrzeichen Bensheims.

Hundertprozentig sicher ist jedenfalls, dass der Apfelstrudel im Café am Kloster ganz ausgezeichnet schmeckt.

Wir ziehen auf der breiten, gut ausgebauten B 47 weiter nach **Bensheim**, biegen dort Richtung Darmstadt ab und sehen ausgangs des Ortsteils **Auerbach** rechts den Hinweis zum Auerbacher Schloss. Wir folgen und landen auf einem phantastischen, einspurigen Sträßchen, das sich am Südhang des Malschen, lateinisch: Melibocus, durch den Wald windet.

Auf dem Nachbargipfel steht die mittelalterliche Burgruine Auerbach, von deren Turm aus man einen großartigen Blick über die Bergstraße mit ihren Burgen und in die Rheinebene hat. Motorradfahrer finden kurz vor dem Graben leicht ein Plätzchen fürs Bike, können sich also einige Meter Fußweg sparen.

Die Einbahnstraße wieder hinunter ins grüne Tal gekurvt, biegen wir im spitzen Winkel links durch **Hochstädten** ab nach **Balkhausen**. Im folgenden **Jugenheim** nehmen wir die erste Möglichkeit rechts nach **Stettbach** und passieren nach der sehr engen Ortsdurchfahrt in einer romantischen Schlucht Schloss Heiligenberg. Das geheimnisvolle Licht erschreckte hier früher gerne Pferdefuhrwerke. Wir hingegen lassen nach der knackigen Serpentinenstrecke den Blick zurückschweifen, genießen die prächtige Aussicht und erreichen **Ober-Beerbach**. Jetzt zunächst weiter Richtung Lautertal, dann am Ortsrand von **Beedenkirchen** links über **Brandau** nach **Gadernheim**.

Ein kurzes Stück nutzen wir die verkehrsreiche B 47. Hinter dem Aus-

Bensheim

Bereits die Römer wussten diese Lage zwischen Odenwald und Ried zu schätzen, weshalb die Stadt ihren Namen vom Feldherrn Basinus erhalten haben könnte. Beurkundet wurde Bensheim, die größte Stadt im Kreis Bergstraße, erstmals vor über 1240 Jahren im Lorscher Kodex. 956 erhielt der Verkehrsknotenpunkt das Marktrecht und im 13. Jahrhundert die Stadtrechte. Seine historische Altstadt umringen ehemalige Adelshöfe wie der Wambolder Hof oder der Walderdorffer Hof von 1470, eines der ältesten Fachwerkhäuser Hessens. Im Jahre 1301 wurde die Stadt niedergebrannt und in der Folge von wechselnden Obrigkeiten beherrscht, bis sie schließlich 1803 an die Landgrafschaft Hessen-Darmstadt fiel.

Heute hat Bensheim mit neun Stadtteilen fast 40.000 Einwohner und ist das wirtschaftliche Zentrum des Landkreises. Im Stadtmuseum am Marktplatz kann man sich kostenlos über die Geschichte informieren (Samstag 14.00 bis 16.00 Uhr, Sonntag 11.00 bis 17.00 Uhr).

Einen Besuch lohnen im Stadtteil Auerbach die ehemalige Sommerresidenz des Hessischen Großherzogs, das »Fürstenlager« aus dem 18. Jahrhundert mit dem ältesten Mammutbaum Europas, sowie der Aussichtspunkt Schloss Auerbach.

sichtspunkt bei **Kolmbach** vollführen wir einen kurzen Schwenk nach links über **Winterkasten**, um dann am Gumpener Kreuz rechts nach **Fürth-Krumbach** zu kurven.

Wir jagen durch den Wald wie früher der Drachentöter Siegfried. Ob die B 460 deshalb seinen Namen trägt? Statt Lindwurm und Bären findet man heute im Wald hinter **Brombach** eine ganze Reihe flotter Kehren vor. An deren Ende schrauben wir uns rechts hinauf nach **Hammelbach**, wo Fritz Röth in seinem Museum ein ganzes Jahrhundert Zweiradgeschichte gesammelt hat (Schulstraße 20, samstags und feiertags 10.00 bis 12.00 Uhr und 13.00 bis 15.00 Uhr, Fon 06253/9412306).

Die Richtung beibehaltend, erklimmen wir die 577 Meter hohe Tromm, einen bekannten Aussichtspunkt. Durch **Unterscharbach** und **Wahlen** gelangen wir anschließend in den Kurort **Graselenbach**, wo an einer Quelle Hagen von Tronje seinen Schwager Siegfried von Xanten ermordet haben soll. Der 20-minütige Fußweg zu diesem 1851 entdeckten Siegfriedbrunnen, dem Gegenpol zum Hagen-Denkmal in Worms, ist gekennzeichnet.

Bei so viel Grauen ist es kein Wunder, dass sich die Straße ganz eng an den Waldhang schmiegt. Über die nächste Kreuzung bringt sie uns kurvenreich durch ein saftiges Tal mit Bachlauf und Apfelbäumen nach **Unter-Ostern**. Dort zweigt sie rechts ab nach **Rohrbach**. Elegant gleiten wir über bewaldete Kuppen. Hinter dem hübschen Fachwerkdorf **Obermossau** kreuzen wir die Nibelungenstraße und kurven über den Mors-

berg nach **Ober-Kainsbach**. Dort ist die Ruine Schnellerts beschildert, zu der ein längerer Fußmarsch führt. Den sollten nur Mutige wagen, denn die Gegend ist nicht ganz geheuer. Vom Berg tönen oft seltsame Gesänge. Amtspersonen, wie der Förster in Stierbach, bezeugen, den Geisterreiter vom Schnellerts gesehen zu haben. Er findet wohl ebenso wenig Ruhe wie sein Gegenüber, der Rodensteiner.

Zu seinem Domizil gelangen wir über **Fränkisch-Crumbach**, wo in der Kirche die Grabdenkmäler der Ritter stehen und das Heimatmuseum einiges zu erzählen hat (Sonntag 14.00 bis 16.00 Uhr). Hinter dem Abzweig nach **Eberbach** wird der Weg sehr schmal. Wir folgen den Zeichen zum Hofgut Rodenstein, das unmittelbar unterhalb der Ruine gutes Essen und Übernachtungsmöglichkeit bietet. Die Burg wurde um 1240 von den Brüdern Rudolph und Friedrich von Rodenstein erbaut und nie erobert. Sie zerfiel ab 1635, als die Pest die gesamte Familie Rodenstein dahinraffte. Ruhe ist seitdem noch immer nicht eingekehrt. Der Rodensteiner zieht mit ganzen Heerscharen gegen den Schnellerts. Wagengerassel und Hundegebell ist zu hören, wenn der Region Krieg droht. 1848 wurden die seltsamen Töne schriftlich festgehalten, und noch vor Beginn des letzten Weltkrieges wollen

Tatort Siegfriedbrunnen (oben links). Fachwerkhaus in Reichelsheim (oben rechts). Schloss Lichtenberg (unten links). Lorscher Königshalle, Burg Rodenstein (beide unten rechts).

die Menschen sie gehört haben. Also Ohren auf beim Spaziergang.

Hübsch und friedlich anzuschauen ist Schloss Reichenberg. Die prachtvolle Anlage thront über **Reichelsheim**, das einen sehenswerten historischen Kern aufzuweisen hat. Am Ortsende peilen wir in zackigen Schräglagen rechts hinauf nach **Laudenau** und fahren weiter in Richtung Modautal. Zügige Kurven auf griffigem Belag. Die Neunkircher Höhe mit dem Kaiserturm auf ihrer Spitze taucht vor dem Lenker auf. Auf ca. 600 Metern ist **Neunkirchen** das höchstgelegene Dorf Hessens. Am Weg nach **Lützelbach** passiert man beim Buchteich eine Höhle, in der einst wilde Kräutersammler hausten. Man nennt sie deshalb Wildefrauenhäuschen. Eine weitere geheimnisvolle Frau erwartet uns hinter den Serpentinen, die uns hinab ins Fischbachtal bringen. Dort, auf Schloss Lichtenberg, streicht sie angeblich jede Nacht durch die Räume. Wer es überprüfen will: Hinter der Ortschaft führt eine Straße hinauf zum Schloss. Der Besuch sollte allerdings nicht allzu lange dauern, denn ein Arzttermin wartet: bei Dr. Frankenstein.

Über **Rohrbach**, **Modau** und **Neutsch** schlängelt sich die Route auf schmalen und kaum befahrenen Landsträßchen nach **Ober-Beerbach**. Eine lange Gefällstrecke folgt. Kurz vor **Nieder-Beerbach** weist ein weißer Pfeil den Weg nach links hinauf zu einer Burg. Eine enge, mit Serpentinen gespickte Fahrbahn führt uns in den dunklen Wald, wirft sich über eine bleiche Hochebene, um uns dann erneut ins Unterholz zu locken. Zwischen hervorspringenden Felsen baut sie sich plötzlich vor uns auf: Burg Frankenstein. Kalt reckt sich über den Wipfeln ihr Turm dem fahlen Mond entgegen. Dort drinnen soll aus Blitzen Leben geschaffen worden sein.

Im 17. Jahrhundert forschte der uneheliche Sohn des Konrad von Frankenstein, Johann Konrad Dippel, nach dem Lebenselixier. Er grub Leichen aus und füllte das Blut junger Mädchen in Flaschen. Eines seiner Experimente sprengte sogar den Pulverturm der 750 Jahre alten Burg. Der skurrile Alchimist inspirierte die Schriftstellerin Mary Shelly 1817 zu ihrem berühmten Roman und lockt heutzutage jeden Oktober Hunderte von Gruselgestalten zur größten Halloween-Party Europas. Bei so viel Grauen hilft nur eines: Schnell zurück in die friedliche Rheinebene.

Kurz-Check

Streckenlänge: ca. 180 km.
Charakter: Mittelschwer. Fast durchgängig gut befahrbar. Vor allem die vielen kleinen Ortsverbindungen erfordern einen guten Orientierungssinn.
Highlight: Die kurvenreiche Aussichtsstrecke von Auerbach in den Odenwald hinein.
Einkehr-Tipp: Gutshof Rodenstein.
Absolutes Muss: Ein Besuch in Worms, der ältesten Stadt von Deutschland.

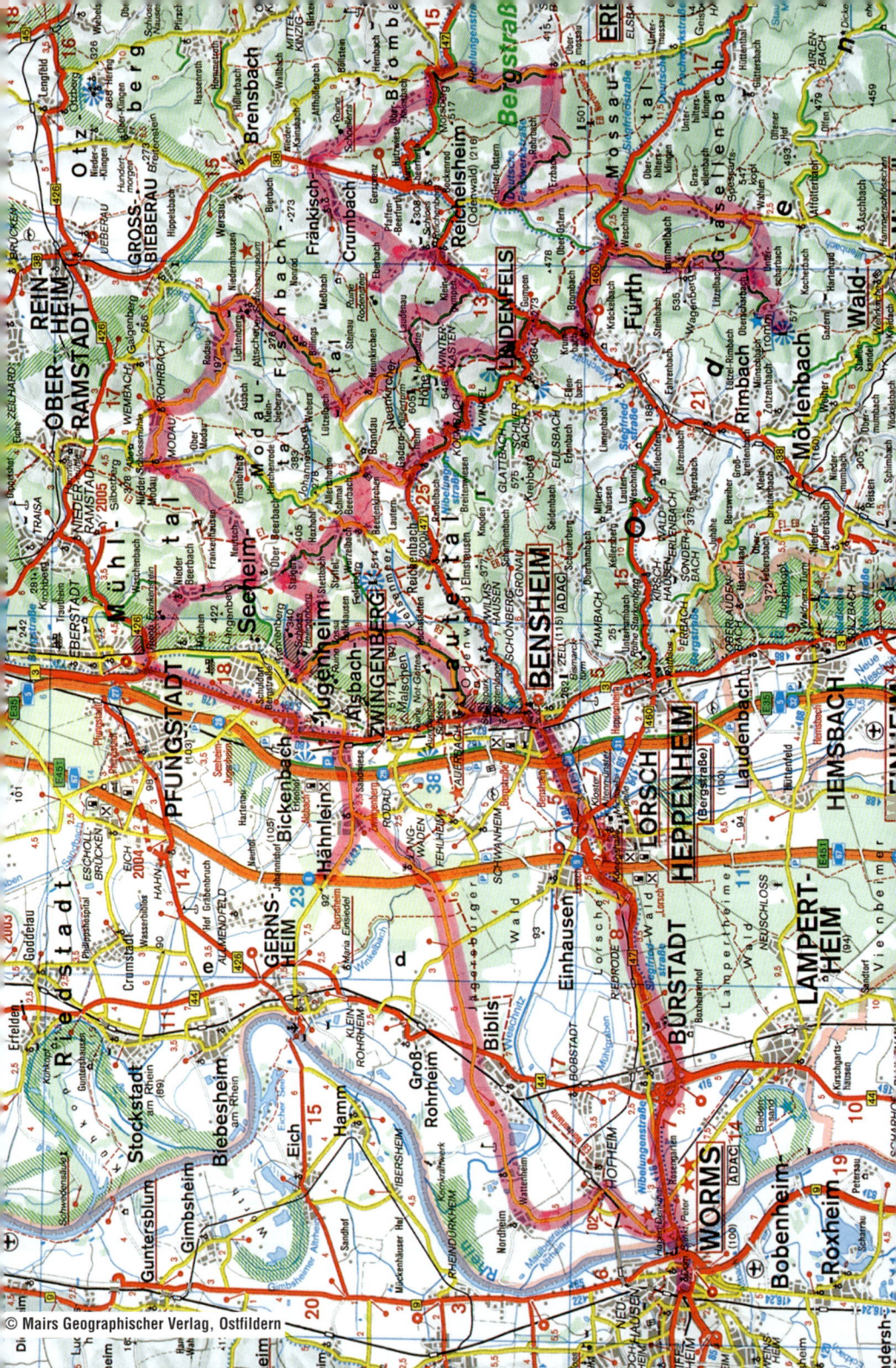

Tour der Kultur

Im ehemals »öden Wald« herrscht jetzt Kultur satt. Auf unserer Tour haben wir Audienz in Villen, Herrenhäusern und Schlössern.

Während des Römischen Reiches war die Bergregion zwischen Main und Neckar ein fast undurchdringlicher Urwald, der wegen des schwierigen Bodens und des rauen Klimas wenig fruchtbar schien. Ihre Weinhänge und Villen im Westen schützten die Eroberer gegen die einheimischen Barbarenstämme im Osten mit einem Befestigungswall. Doch auch wenn bis in unsere Tage die Odenwälder gerne schmunzelnd mit der alten Charakterisierung vom »räuberischen Bergvolk« bedacht werden, so haben sich doch unter den Grafen des Hauses Erbach-Erbach soziale und wirtschaftliche Strukturen entwickelt, die bis heute vorbildlich sind. Andere Heldentaten haben sogar Eingang in die Weltliteratur gefunden. Wir kurven deshalb durch das offene Herz des Odenwaldes.

Seine Westhänge erreichen wir leicht über die Autobahnen A 67 und A 5. Und bereits die Festspielstadt **Heppenheim** empfängt den Tourenfahrer unterhalb ihres Wahrzeichens, der Starkenburg aus dem 11. Jahrhundert, mit reichlich Kultur. Ein mittelalterliches Zentrum schart sich um den Marktplatz mit seinen Fachwerkhäusern, an seiner Stirnseite das prächtige Rathaus. In der Löwenapotheke hatte der berühmte Chemiker Justus

Liebig 1818 seine Ausbildung begonnen, und im ehemaligen Haus des jüdischen Philosophen Martin Buber ist heute der Weltsitz des Internationalen Rates der Juden und Christen. Die St. Peterskirche bezeichnet man wegen ihrer Architektur gerne als den »Dom der Bergstraße«. Von Heppenheim gingen Impulse für unsere Demokratie aus: Bereits im Jahr 1847 hatten hier Liberale für Deutschland eine konstitutionelle Monarchie gefordert, und 1948 formte sich an gleicher Stelle die Freie Demokratische Partei, deren Gründer das heutige Grundgesetz prägten.

Eine ganz andere Geschichte erzählt das Lied der Nibelungen, die uns mit ihrem Helden Siegfried fast auf der ganzen Fahrt begleiten. Tragen doch die beiden Achsen unserer Bildungsreise die Namen Siegfriedstraße und Nibelungenstraße, die im Wesentlichen den literarischen Spuren des Burgundervolkes folgen. Die Siegfriedstraße verläuft auf der bisweilen stark frequentierten B 460, die

Oben: Das historische Rathaus ist das Wahrzeichen von Michelstadt. Unten: Das Motorrad-Café Hill Up in Kailbach zählt zu den bekanntesten Biker-Treffs im Odenwald.

ab **Fürth** auch Teilstück der Deutschen Fachwerkstraße ist. Im Mossautal soll in der heutigen Gemeinde **Hüttenthal** der sagenhafte Siegfried durch Hagen von Tronjes Speer am Lindelbrunnen ermordet worden sein. Diesen mörderischen Ort nimmt interessanterweise auch das wenige Kilometer entfernte Grasellenbach mit seinem Siegfriedbrunnen in Anspruch.

Wir wollen aber nicht streiten, sondern lieber Gleichgesinnte treffen. Und zwar inmitten eines grünen Tals am Marbach Stausee, einer der größten Wasserflächen des Odenwaldes, die für Wassersportler wie für Motorradfahrer ein bekannter Treffpunkt ist. Deren Gesprächsthema sind nicht selten die Zeiten des Krähbergrennens. Die frühere Bergrennstrecke liegt links der B 45

Randnotiz

Mit Getöse durchs Land

In Burg Rodenstein bei Reichelsheim soll der letzte Herrscher noch heute spuken und mit Getöse durchs Land ziehen, wenn Krieg droht. Schriftlich überliefert ist dies das letzte Mal vor der Revolution 1848.

nach Eberbach, von wo aus sich der Himbächel-Viadukt bestaunen lässt. Die 1876 aus Odenwälder Sandstein errichtete Brücke dient bis heute unverändert dem Schienenverkehr, der gleich danach in den Krähberg-Tunnel mündet, dem längsten eingleisigen Tunnel Deutschlands. Wir aber wollen nicht durch, sondern über den **Krähberg**, auf dessen Spitze das gleichnamige feudale Schloss thront.

Die Ausschilderung zum **Hesseneck** leitet uns direkt ins enge Kurvenlabyrinth, in dem wir uns insgesamt 15 Kilometer lang schwindlig fahren können. Zunächst zügig hinauf bis über 500 Meter Höhe, bevor es in leichtem Gefälle wieder 300 Meter tiefer geht. In **Schöllenbach** lohnt ein Boxenstopp, denn die vom Erbacher Schenken Philipp IV. erbaute und 1465 geweihte Kirche ist eine viel besuchte Wallfahrtsstätte. Unter der Kirchhofsmauer sprudelt eine Quelle, die früher als Heilquelle diente. Wir müssen uns heute an anderen Quellen laben und setzen deshalb unseren Weg nach **Kailbach** fort. Denn dort haben wir gleich doppelte Gelegenheit zur Stärkung: Einmal liegt an der Einmündung das Café Hill Up von »Eddi Edelstahl«, der die gesamte Einrichtung aus dem nicht rostenden Metall selbst gefertigt hat. Und daneben das gemütliche Gasthaus Waldeslust, in dem der Motorradfahrer fast im Wohnzimmer zu selbstgemachten Gerichten greifen kann. Draußen sitzen und die unzähligen Bikes bewundern darf man hier wie dort.

Nach der Rast kurven wir wieder bergauf, ein Stück der Siegfriedstraße folgend, bis wir links nach **Hesselbach** einbiegen. Diese schmale Waldstraße gibt nicht nur grandiose Blicke über steil abfallende Hänge frei, sondern führt auch entlang des ehemaligen Limes. Die Zeugen dieses römischen Grenzwalles stehen nicht selten direkt am Weg und können selbst in Motorradmontur leicht aufgesucht werden. So lässt sich noch vor Hesselbach das Fundament eines Wachturmes am Kurvenrand erspähen. Im Ort selbst finden sich dann die Überreste eines Kastells. Um dem Limes weiter zu folgen, müssen wir uns an der ersten Einmündung rechts halten, denn der Straßenverlauf ist nicht beschildert. Dafür aber ein kleiner Wanderweg zum Dreiländerstein, der das Zusammentreffen der Grenzen von Hessen, Bayern und Baden-Württemberg markiert.

Sehr ländlich geht es hier zu. Der kaum befahrene Höhenweg legt sich über saftige Wiesen, schlängelt sich unter Obstbäumen durch und verschwindet schließlich im dichten Wald. Dort findet sich neben exakt rekonstruierten Abschnitten römischer Palisaden und Wachtürmen eine Fürstliche Schwarzwildfütterung. Wildschweine und Römer im tiefen Wald – fehlt eigentlich nur noch, dass uns auf diesem Pfad Asterix und Obelix begegnen. Aber wir befinden uns ja bei den Goten, und den Weg säumen keine heimtückischen Fallen. Er ist tadellos bis **Würzberg** fahrbar, wo die Fundamente eines weiteren Kastells und einer Badeanlage zu sehen sind.

Rechts ab rollen wir durch die Ansiedlung **Breitenbuch**, wo die unter Schutz gestellte schönste Hainbuche des Odenwaldes steht. Sie ist 300 Jahre alt und hat einen Kronendurchmesser von

Michelstadt

Zusammen mit der benachbarten Kreisstadt Erbach stellt Michelstadt das Zentrum des Odenwaldes dar, der vor unserer Zeitrechnung völlig unbewohnt war. Erst die Römer besiedelten die Region im 1. Jahrhundert n. Chr. und sicherten sie mit dem Limes. Zahlreiche Bodenfunde um Michelstadt zeugen von der Römerzeit, ihren heiligen Stätten und Landgütern. Im Walddistrikt »Rote Heide« ist ein Stück Römerstraße zu erkennen. Erst im 7. Jahrhundert gründete die fränkische Krone Gutshöfe und Siedlungen, von denen Michelstadt eine der ältesten ist.

Sein berühmter Marktplatz mit dem einzigartigen Fachwerkrathaus von 1484 bildet zusammen mit der Stadtkirche (1461) den Kern der historischen Altstadt, die in Diebsturm und Kellerei das Odenwald- und Spielzeugmuseum beherbergt (ab dem 2. Samstag vor Ostern bis Oktober, Dienstag bis Sonntag 10.00 bis 12.30 Uhr und 14.00 bis 17.00 Uhr, sonst nur Samstag und Sonntag). Der Ortsteil Steinbach bietet mit der karolingischen Einhardbasilika von 827 und Schloss Fürstenau (1588) mit seinem großen Schlosspark weitere Sehenswürdigkeiten. Überregional bekannt sind der Bienenmarkt in der Pfingstwoche und der Odenwälder Weihnachtsmarkt.

über 20 Metern. Nach **Watterbach** laufen wir in **Kirchzell** ein, das auf eine 1200-jährige Geschichte blickt. Gegründet von der Benediktinerabtei Amorbach, geriet die Gemeinde zusammen mit der Abtei 1168 unter die Herrschaft der Herren von Dürn. Das Fürstengeschlecht errichtete am Preunschener Berg die Burg Wildenburg, ein Glanzstück der Hohenstaufenzeit, von der nur noch die Ruine kündet. Als die Adelsfamilie etwas klamm war, verkaufte sie ihre Ländereien an den Erzbischof von Mainz. Über 500 Jahre mussten die Kirchzeller warten, bis sie unter die Regentschaft des Fürstenhauses zu Leiningen kamen und so wieder zu **Amorbach** gehörten, wohin wir jetzt steuern.

In diesem altfränkischen Barockstädtchen bestechen die Klostergebäude aus dem 18. Jahrhundert durch ihre Rokoko-Ausschmückung, die von den besten Künstlern der damaligen Zeit geschaffen wurde. Die Barockorgel ist eine der größten Europas, und für die Fürstlich Leiningenschen Konzerte muss man frühzeitig Karten bestellen (Fon 09373/ 971545, Fax 971560). Nicht weniger interessant ist Europas größte Teekannensammlung (Wolkmannstraße, April bis Oktober, Dienstag bis Sonntag 11.00 bis 18.00 Uhr).

Wir drehen nun ab und ziehen über die Nibelungenstraße Richtung Michelstadt zur Schmalebene hinauf. In einem flotten Reigen folgt Kurve auf Kurve, bis hinter dem Wald eine weite Ebene wartet, über der der Asphalt in langen Geraden und zwei schnellen Biegungen wieder ins Gehölz mündet. Am Jagdschloss Eulbach machen wir erste Bekanntschaft mit dem Grafen Franz I. von Erbach. Der letzte Souverän der Grafschaft errichtete den Bau 1770 und ließ den Wildpark und den Englischen Garten mit antiker Kunst der Öffentlichkeit zugänglich. Den Besuch der kunsthistorischen Sammlung in seinem Erbacher Schloss erlaubte der sozial engagierte Graf ebenso. Ganz fortschrittlich richtete er schon 1786 eine Alimentenkasse für Witwen und Waisen ein, finanzierte den Bau von Straßen über eine Chausseekasse und stiftete Geld für die Schulen direkt aus seiner Schatulle. Zur Förderung der Landwirtschaft ließ Franz I. kostenlos Samen und Düngemittel an die Bauern verteilen. Um seine Untertanen aus der Schuldenfalle zu erlösen, gründete er die Sparkasse.

Nach dem Studium erlernte der junge Graf das Drechslerhandwerk und richtete in seinem Schloss eine Werkstatt für Elfenbeinschnitzerei ein. Am 2. Oktober 1783 präsentierte er seine selbst gefertigten Arbeiten und brachte damit ein Gewerbe in die arme Gegend, das inzwischen weltberühmt ist. Den Elfenbeinschnitzern, die heute mit Mammutzähnen und der Elfenbeinnuss arbeiten, kann man im Deutschen Elfenbeinmuseum bei der Arbeit zusehen (täglich 10.00 bis 17.00 Uhr).

Architektonisch ist die Kreisstadt **Erbach** längst mit **Michelstadt** verwach-

Oben: Blick auf Lindenfels mit seiner Burg. Unten links: Das vom hessischen Kurfürst künstlich angelegte Dorf Fürstenlager. Unten rechts: Büste der Grafen von Schönberg.

DEN
BESTEN ELTERN
1794

sen, dessen Zentrum wegen seines ungewöhnlichen Fachwerkrathauses jedoch bekannter ist. Neben einer Kaffeepause lohnt dort der Besuch des Odenwaldmuseums (Dienstag bis Sonntag, 10.00 bis 12.30 Uhr und 14.00 bis 17.00 Uhr) und des Motorradmuseums (Mai bis September, Samstag und Sonntag 10.00 bis 18.00 Uhr).

Weiter geht es auf der B 47 in Richtung Worms. In flotten Biegungen passieren wir den Morsberg und stoßen die Serpentinen hinunter ins Gersprenztal, wo wir links durch **Reichelsheim** fahren und vorbei an Schloss Reichenberg nach vielen Windungen in **Lindenfels** eintreffen. Außerhalb des Kurortes erlaubt die Nibelungenstraße mehrere wunderbare Ausblicke auf die Burgruine Lindenfels und die gesamte Bergre-

gion. Um aber nicht durchgehend diese Schlagader zu nutzen, schlagen wir dem Verkehr ein Schnippchen und biegen ausgangs **Gadernheim** rechts nach **Brandau** ab. Dort halten wir uns links, bis wir am Ende der Geraden erneut links ab über **Hoxhohl**, **Schmal Beerbach** und **Wurzelbach** über den Felsberg kommen. Unmittelbar hinter der S-Kurve ins Tal biegen wir links auf den Privatweg zum ausgeschilderten »Felsenmeer« ins Dunkel des Waldes ab. Wie von Riesenhand geschaffen, erstreckt sich dort ein Meer aus Findlingen aller Größen über drei Kilometer hinunter ins Lautertal. Die römischen Steinmetze nutzten die Felsen für ihre Kunst, und noch heute lässt sich ihre Sprengtechnik erkennen. Eine Attraktion ist ihre begonnene Riesensäule.

Zurück auf unserer Route biegen wir bei nächster Gelegenheit nach **Bensheim-Auerbach** ab, denn dort gehen wir mit dem Hessischen Kurfürsten zur Kur. Den heutigen Staatspark Fürstenlager begann Landgraf Ludwig VIII. von Hessen-Darmstadt 1766, Großherzog Ludwig I. beendete ihn 1807. Die Herrschaften sehnten sich nach dem einfachen Landleben und legten um einen großen Brunnen ein kleines Erholungsdorf mit schlichten Gebäuden an. Diesen ursprünglichen Charakter hat sich Fürstenlager bis heute bewahrt. Es ähnelt in seinem Grundriss und seiner Architektur einem südfranzösischen Straßendorf. Zu bescheiden ist Fürstenlager aber dank Pavillons, Tempel sowie exotischer Pflanzen dann doch nicht, und von der kurfürstlichen Konditorei haben wir heute noch etwas.

Kurz-Check

Streckenlänge: *ca. 170 km.*
Charakter: *Flott fahrbar. Aber wer die Angebotsfülle entlang der Strecke ganz erleben will, sollte mehr als eine Tagestour einplanen.*
Highlight: *Das einsame Waldsträßchen zwischen Hesselbach und Würzberg.*
Einkehr-Tipp: *Gasthaus Waldeslust und Café Hill Up am Hesseneck.*
Absolutes Muss: *Besichtigung des Erbacher Schlosses und des Michelstädter Marktplatzes.*

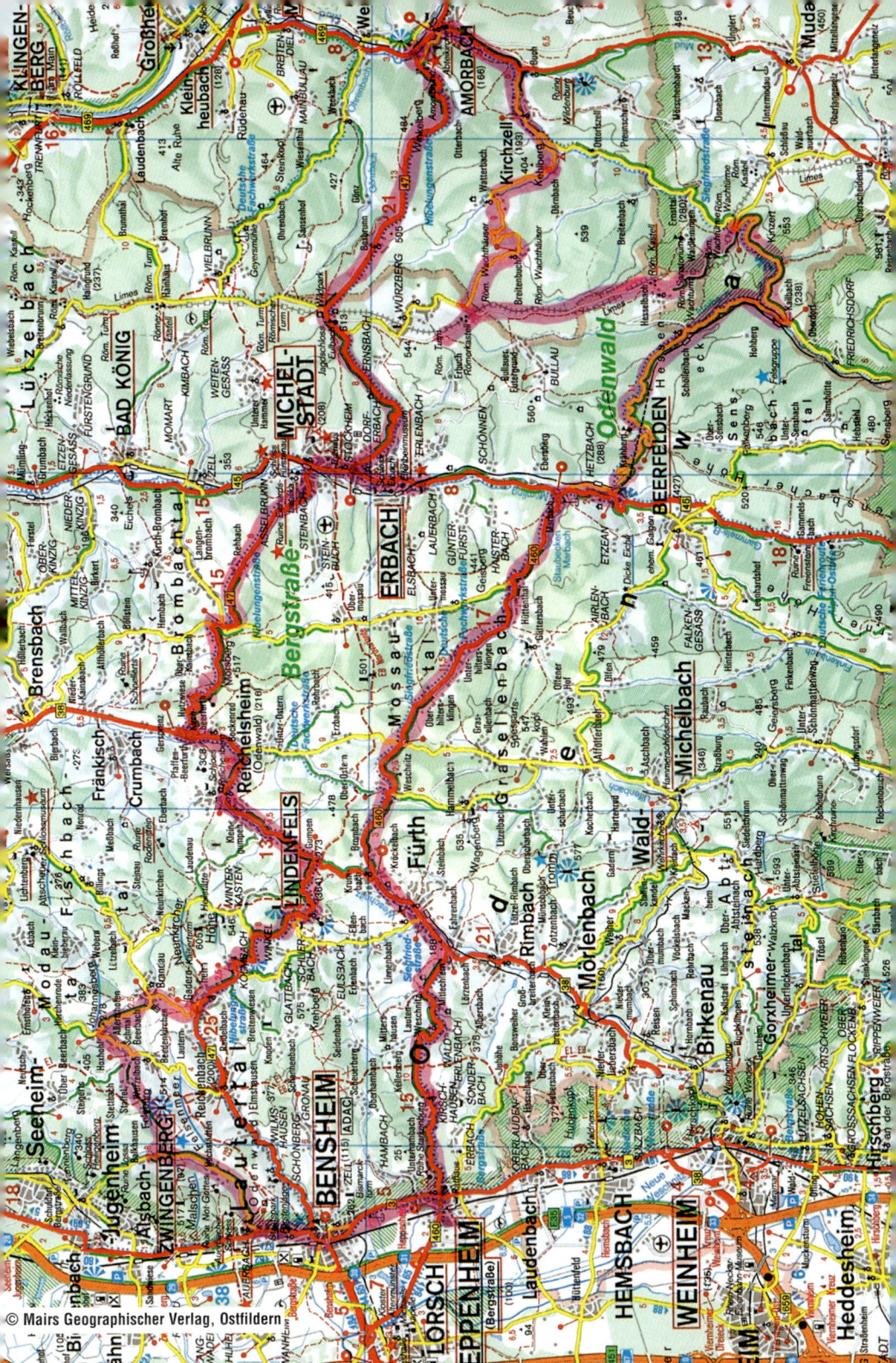

Madonna mia!

Seit der Christianisierung des Odenwaldes verbinden stille Klöster und berühmte Wallfahrtsorte einige der schönsten Strecken.

Als bei uns noch religiöse und weltliche Macht untrennbar miteinander verbunden waren, der Adel per Geburt zur Führungsschicht wurde und der Kaiser von Gottes Gnaden seine Krone erhielt, gingen zumindest in der Anfangsphase des Feudalismus Missionierung und wirtschaftlicher Fortschritt Hand in Hand. Die Kirchenfürsten ließen das Land urbar machen, und in der Nähe großer Klöster entstanden wohlhabende Städte. Umgekehrt ließ das harte Leben im rauen Odenwald zwischen Miltenberg und Osterburken die Menschen für jede gute Ernte dankbar sein. Wohlstand und Demut sind hier zwei Seiten derselben Medaille, weshalb wir prachtvolle Bauten und besinnliche Stille gleichermaßen auf dieser Tour finden.

Von Süden über die A 81 kommend, erreicht man **Osterburken**, das sich stolz als »Römerstadt« bezeichnet. Nicht zu Unrecht, denn mit dem Kohortenkastell und dem Annexkastell gehörte der Ort zu den wichtigsten Stützpunkten am Limes. Von den beiden im 2. Jahrhundert entstandenen Befestigungsanlagen ist das Annexkastell einschließlich des Grabens nicht nur relativ gut erhalten, sondern auch jederzeit zugänglich. Die wichtigsten Informationen zum Gelände findet der Besucher in einem Pavil-

lon. Mehr davon bietet das Römermuseum, das über einer der zwei Thermenanlagen gebaut wurde, die in Osterburken entdeckt wurden. Geöffnet März bis November samstags, sonntags und feiertags 14.30 bis 16.30 Uhr.

Wir bekommen gleich zu Beginn unserer Motorradwanderung auch einen Eindruck von der Religiosität der Region. Wenn wir über **Adelsheim** zum Osterburker Ortsteil **Hemsbach** fahren, finden wir das romanische Kirchlein St. Mauritius aus dem 12. Jahrhundert mit wertvollen Wandmalereien und einem seltenen Kult der Drei Heiligen Jungfrauen, der die Kirche bis zum Ende des 18. Jahrhunderts zu einem Wallfahrtsort machte. Nur zwei Kilometer weiter Richtung Schlierstadt steht ein einzigartiges Zisterzienserinnenkloster mit einer Sakristei aus dem 13. Jahrhundert und einem Fenster, das sich aus Kreis-, Rauten-, Quadrat-, und Fünfeckmustern zusammensetzt, wie es nördlich der Alpen sonst nirgends zu finden ist.

Walldürn und Kloster Engelberg (oben links). Marienstatue in Amorbach (oben rechts). Ein typischer Marienstock am Straßenrand, hier aus Steinen gemauert (unten).

ERHOLUNGSORT
Im Madonnenländchen
Walldürn-Reinhardsachsen

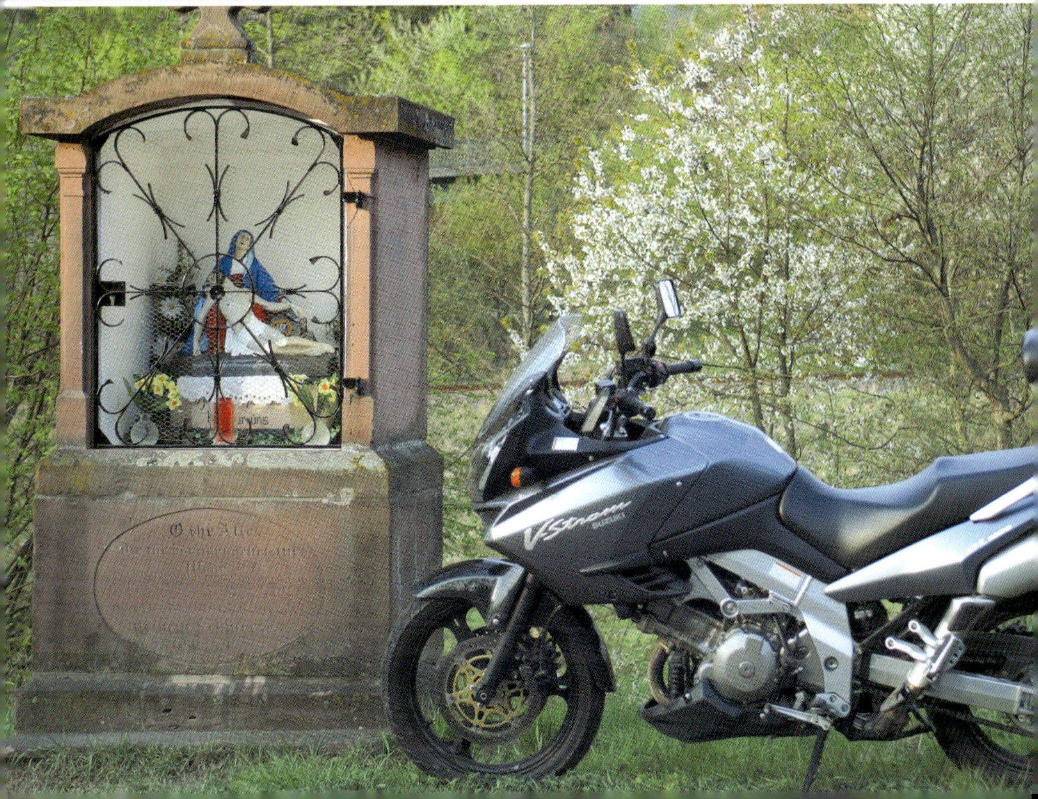

Im weiteren Verlauf der landschaftlich reizvollen Strecke kommen wir durch **Seckach** und **Bödigheim** mit seinem Schloss, das seit dem 18. Jahrhundert die Burg und das Renaissance-Palais der Ritter Rüdt von Collenberg ergänzt. Sehenswert ist zudem der Judenfriedhof des kleinen Ortes, der ca. 1.600 Grabsteine mehrerer jüdischer Gemeinden aus sechs Jahrhunderten vereint. Vorbei an der ausgeschilderten Eberstadter Tropfsteinhöhle, deren Alter auf mindestens eine Million Jahre geschätzt wird, gelangen wir nach **Buchen**. Das Städtchen wird bereits 773 urkundlich als Besitz der Abtei Amorbach erwähnt, als Karl der Große gerade zum König der Franken gekrönt wurde. Später fällt es dem Bistum Würzburg zu, bis es Kaiser Barbarossa im 12. Jahrhundert den

Randnotiz

Ordnung muss sein

Die Miltenberger Waldordnung von 1450 erlaubte Holzschlagen nur von Donnerstag bis Samstag und Laubsammeln pro Bürger nur einmal täglich. Übertretungen kosteten ein Pfund Heller Strafe.

Herren von Dürn unterstellt. Geschadet hat das Wechselspiel dem Ort nicht, denn man erzählt sich, die Bewohner hätten die Straßen mit Talern pflastern können. Doch nach dem Bauernaufstand, den sie mit ihrem Hauptmann Götz von Berlichingen wagten und verloren, wurden sie ihrer Privilegien beraubt. Der Dreißigjährige Krieg, die Pest und ein großer Stadtbrand 1717 wirkten sich auch nicht vorteilhaft aus. Als die Buchener in der ersten Hälfte des 18. Jahrhunderts dreimal neue Herren bekommen hatten – von den Mainzer Erzbischöfen bis zum Großherzogtum Baden – und von Wucherzinsen erdrückt wurden, schlossen sie sich der Revolution von 1848 an, die bekanntermaßen ebenfalls scheiterte.

Das wechselhafte Buchener Schicksal möge beispielhaft für die nicht immer gute alte Zeit stehen. Nach schweren Zeiten der Pest wurde die Mariensäule errichtet, die heute das Wahrzeichen des Madonnenländchens ist. Sie steht vor dem Mainzer Tor, dessen Durchgang ein Mann in unanständiger Pose krönt: Der so genannte Blecker, das in Stein gehauene Zitat des Götz von Berlichingen. Es ist aber nicht bösartig gemeint, sondern ein Symbol der weithin bekannten Buchener Fasenacht, die seit 500 Jahren in alemannischer Tradition mit bunten Flickenkostümen in den Gassen der historischen Altstadt gefeiert wird.

Noch älter ist die St. Martins- und Veits-Kirche in **Steinbach**, nicht weit von Buchen am Fuße des Sommerberges nahe dem Weg nach Mudau. Das 1494 erbaute Gotteshaus ist ein spätgotischer Bruchsteinbau, der bis heute praktisch unverändert ist und unter besonderem Denkmalschutz steht. Denkwürdig ist auch der Galgen in **Mudau**, an dem 1760 die letzte Hinrichtung stattfand. Nicht immer hingen daran wahre Verbrecher, sondern oft arme Menschen, die in ihrer Not ein kleines Vergehen verübt hatten. Da kommt die folgende erheiternde Fahrt durch das hübsche Mudtal gerade recht, auf der wir kurz vor Amorbach die Ruine Wildenburg passieren. Die 1190 von den Edelherren von Dürn erbaute und später dem Erzbischof von Mainz gehörende Festung ist ein bedeutendes Beispiel staufischer Baukultur.

Konrad von Dürn und das Erzstift von Mainz hatten auch die Herrschaft über **Amorbach**, dessen Geschichte 734 mit der Gründung eines Benediktinerklosters beginnt. In dem altfränkischen Barockstädtchen bestechen die im 18. Jahrhundert entstandenen Klostergebäude durch ihre Rokoko-Ausschmückung, die von den besten Künstlern der damaligen Zeit geschaffen wurde. Die Barockorgel ist eine der größten Europas, und im Konventbau neben der Kirche sind der Grüne Saal und die Bibliothek Meisterwerke des Klassizismus. Mit der Abteikirche und der Pfarrkirche St. Gangolf, die aus mächtigen Sandsteinquadern errichtet ist, besitzt Amorbach zwei der bedeutendsten Barockkirchen in Unterfranken und mit dem Templerhaus eines der ältesten Fachwerke Deutschlands.

Die Kapelle im benachbarten **Amorsbrunn** steht für die Christianisierung des Odenwaldes im 8. Jahrhundert, als Gaugraf Ruthard irische Wandermönche ins Land holte, die an der hiesigen Quelle

Miltenberg

*B*is in die Urnenfelderzeit 1200 v. Chr. reichen die Siedlungsspuren an dieser Stelle, wo die Kelten auf dem Greinberg den bis heute sichtbaren Ringwall errichteten und die Römer ihrem Gott Merkur huldigten. Diese sicherten ihre so genannte »nasse Grenze« im 2. Jahrhundert mit zwei Kastellen. Auf einem davon entstand die Vorläufersiedlung Miltenbergs, Walehusen, das bereits eine bedeutende Sandsteinverarbeitung unterhielt.

Die erste urkundliche Erwähnung weist die »Miltinburc« als Besitz des Mainzer Erzbischofs aus, der die Stadt Wallhausen 1240 zerstören ließ, woraufhin Miltenberg entstand. Schon im 14. Jahrhundert dokumentieren das Würzburger und das Mainzer Tor die große Ausdehnung der Stadt, die ein eigenes Kaufhaus für Handelsgüter unterhielt. Doch der Dreißigjährige Krieg und die eingeschleppte Pest zermürbten die Stadt, die Weinberge und der Wald wurden vernichtet. Als 1667 das Franziskanerkloster am Engelplatz gegründet wurde, waren deshalb Fischerei und Schifffahrt die größten Gewerbe. Die Boote der »Weißen Flotte« prägen heute noch immer das Mainufer. Nachdem Miltenberg vorübergehend zu Hessen-Darmstadt gehörte, machte es Napoleon 1816 bayerisch.

ihr Werk begannen. Bis ins 17. Jahrhundert sagte man dem Amorsbrunner Wasser, das noch immer aus der Kapelle ins daneben liegende Bad fließt, Heilkräfte nach (geöffnet Mai bis Oktober täglich 10.00 bis 17.00 Uhr).

Die entspannende Kraft des Wassers spüren wir, wenn wir vor **Weilbach** von der B 469 nach **Vielbrunn** ins Tal des Ohrenbachs abbiegen. Der Wasserlauf begleitet dieses malerische Stück der Deutschen Fachwerkstraße in unmittelbarer Nähe und macht die zwölf Kilometer lange Kurvenstrecke zum fahrerischen Highlight der Tour. Wenn wir an der Höhenkreuzung die perfekt gestaltete Straße rechts hinunter nach **Laudenbach** weiterfahren, lohnt im Ortsteil Bremhof eine Ansicht des historischen Wasserwerks. 1905 im Jugendstil gebaut, ist es innen ein Technikdenkmal, in dem ein Peltonrad das Wasser fast 170 Meter höher pumpt.

Im Maintal angelangt, nehmen wir vor Miltenberg die Ausfahrt nach **Großheubach**, um den Fluss bei Schloss Löwenstein zu überqueren, wo die Brücke direkt auf den Engelberg zuhält. Oben im Kloster kann man bis 18.00 Uhr bei Bruder Helmut einkehren, dessen Spezialitäten dunkles Bier, Käse vom Rad und würziges Brot sind.

Eine Alternative für Weinliebhaber ist das Weinhaus am Alten Markt im gegenüberliegenden **Miltenberg**. Durch ein imposantes Stadttor am Ende der Mainbrücke rollen wir in die Kreisstadt, die als »alte Stadt in Holz« durch ihre Staffelung gut erhaltener Fachwerkhäuser gefällt. In der Fußgängerzone, vorbei am Riesen, der ältesten Fürstenherberge Deutschlands von 1590 und dem Alten Rathaus von 1379, erreicht man den reizvollen Marktplatz, den die Einheimischen »Schnatterloch« nennen. Den besten Blick auf den Platz hat man von der hübschen Terrasse des über 500 Jahre alten Weinhauses, das neben Gerichten aller Art auch mit typisch fränkischer Vesper und Wein aus eigenem Anbau dienen kann. Gleich daneben ermöglicht ein Durchschlupf in der Stadtmauer den Treppenaufstieg zur aussichtsreichen Mildenburg, wo im Dreißigjährigen Krieg hohe Persönlichkeiten abstiegen – König Gustav Adolf von Schweden oder Generalissimus Johann Graf von Tilly. Doch auch die einfachen Bürger mussten in ihr Schutz suchen, als nämlich der Erzbischof von Mainz 1240 in der Lorscher Fehde die damals pfälzische Stadt ganz unchristlich zerstören ließ.

Ein weiteres dunkles Kapitel Miltenbergs und der Kirche ist der Hexenwahn, der zwischen 1615 und 1629 in der Region seinen Höhepunkt erreichte. Allein auf dem Engelplatz wurden insgesamt 187 Frauen und Männer hingerichtet. Ein Schicksal, das auch Friedrich Weyngandt 1525 erfuhr, weil er ein führender Kopf des Bauernaufstandes war. Andere berühmte Söhne der Stadt sind Carl Gottlieb Horstig, der ab 1808 nicht nur der erste Privatbesitzer der Mildenburg

Die Altstadt Miltenbergs wird geprägt durch die Fachwerkhäuser rund um den Marktplatz, das »Schnatterloch« (oben). Panoramablick auf Miltenberg mit Burg und Pfarrkirche (unten).

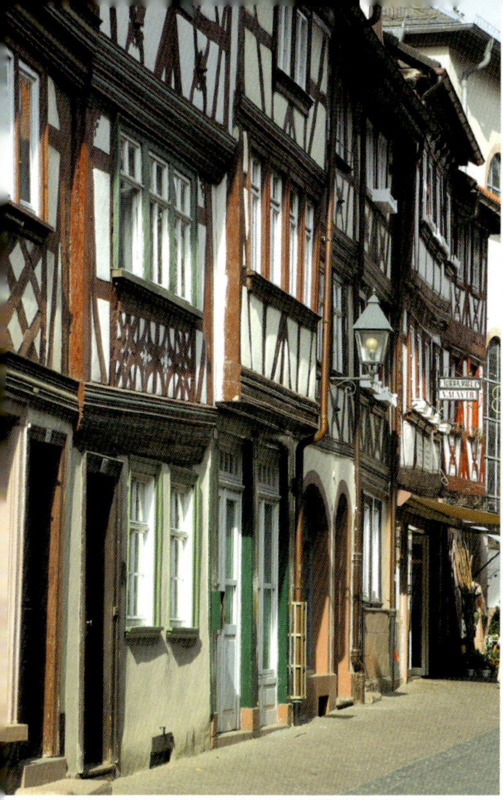

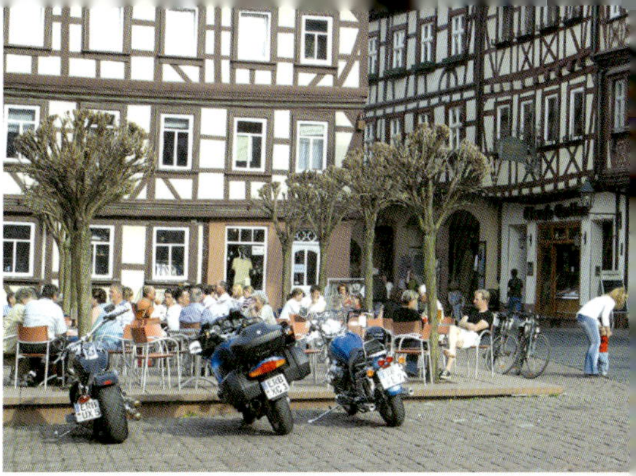

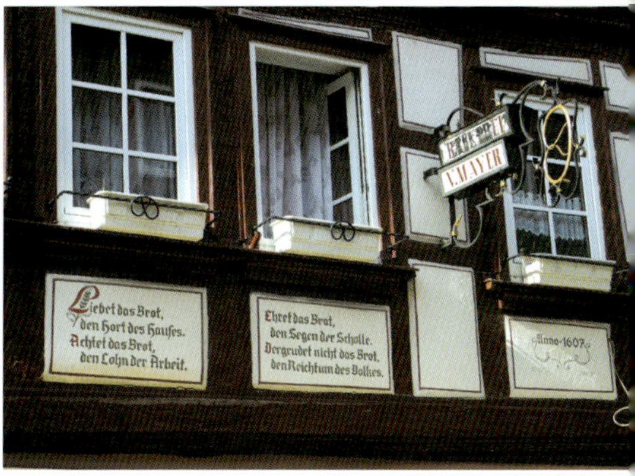
V. MAYER
Liebet das Brot,
den Hort des Hauses.
Achtet das Brot,
den Lohn der Arbeit.
Ehret das Brot,
den Segen der Scholle.
Vergeudet nicht das Brot,
den Reichtum des Volkes.
Anno 1607

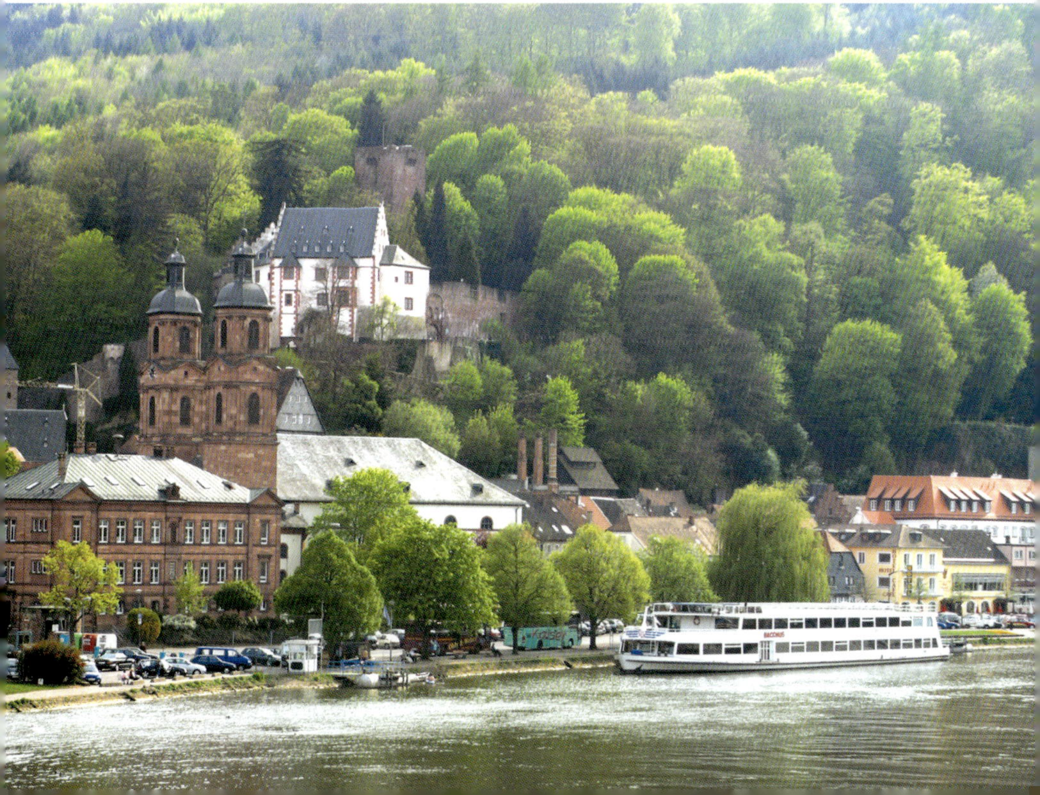

war, sondern auch das erste Stenografiersystem erfand. Im Museum in der alten Mainzer Amtskellerei am Marktplatz erfährt man mehr über die Historie der Stadt (Mai bis Oktober, Dienstag bis Sonntag 10.00 bis 17.30 Uhr, November bis April, Mittwoch bis Sonntag 11.00 bis 16.00 Uhr).

Die Mainhölle, wie Schiffer das Tal an dieser Stelle nennen, verlassen wir zunächst Richtung Hardheim, um vor dem Ortsende von Miltenberg rechts ab über den Sommerberg nach **Wenschdorf** zu kommen. Hinter **Reichhartshausen** trudelt die Straße 300 Meter tief ins Marsbachtal. Noch einmal den Ortsrand von Amorbach touchierend, steigen wir in **Schneeberg** gleich wieder hinauf auf den fast 500 Meter hohen Winterberg. Die Asphaltachterbahn bereitet jede Menge Vergnügen. Wer es noch nicht gemerkt hat: Die Route führt durch drei Bundesländer. Denn nach dem Wendepunkt im hessischen Vielbrunn ist der Gipfel des Winterbergs der letzte bayerische Vorposten auf unserem Weg ins badische **Walldürn**.

Dieser Erholungsort verwandelt sich alljährlich nach Pfingsten in eine Wallfahrtsstätte, wenn über vier Wochen lang Tausende zur Basilika pilgern. Die Wallfahrt »Zum Heiligen Blut« hat ihren Ursprung im Jahre 1330, als ein Priester während der Messe versehentlich den Altarkelch umstieß, und der verwandelte Wein auf das darunter liegende Korporale das blutrote Bild Christi zeichnete. Mit der schnellen Verbreitung dieses Wunders brachen die ersten Pilger auf, und noch heute kommen Wallfahrtsgruppen in tagelangen Märschen zu Fuß hierher. Z. B. Gläubige aus Köln oder die Fulda-Eichsfeld-Prozession, die seit 1682 Tradition hat. Bischöfe aus mehreren Bistümern Deutschlands und dem Ausland gestalten die Gottesdienste an den kirchlichen Festen. Am Donnerstag nach Fronleichnam wird der Große Blutfeiertag begangen, den es nur in Walldürn gibt. Alle Hintergründe erläutert das Stadt- und Wallfahrtsmuseum in der Hauptstraße (Mai bis Oktober, dienstags, donnerstags und sonntags 14.00 bis 16.00 Uhr).

Wir werfen zum Abschluss unserer Wallfahrt noch einen Blick in die früheste Erschließung des Odenwaldes, wenn immer wieder Hinweisschilder auf den Römerwall aufmerksam machen. Dessen Verlauf folgen wir auf der Deutschen Limesstraße zurück nach **Osterburken**.

Kurz-Check

Streckenlänge: ca. 135 km.
Charakter: Leicht. Abwechslungsreiche Mischung aus breiten Hauptverkehrswegen und stillen Nebenstraßen.
Highlight: Das Ohrenbachtal zwischen Weilbach und Vielbrunn.
Einkehr-Tipp: Das 500 Jahre alte Weinhaus am Markt in Miltenberg.
Absolutes Muss: Besichtigung von Amorbach, Quelle des Odenwälder Christentums mit Baudenkmälern von Weltrang.

Völkerwanderung

Wo der Odenwald eine reine Angelegenheit zwischen Bayern und Baden ist, folgen wir den Spuren der Alemannen.

D er Reiz des Odenwaldes liegt nicht nur in seiner Landschaft und seiner geographischen Lage, sondern auch in seiner kulturellen Vielfalt. Über die Jahrhunderte haben vor allem Kelten, Römer, Alemannen und Franken die Region geprägt, und heute teilen sich Hessen, Baden-Württemberg und Bayern das Gebirge zwischen den vier Flüssen Rhein, Main, Neckar und Tauber. Mehr geht ja fast nicht auf so kleinem Raum. Also sollte sich der Motorradfahrer nicht wundern, wenn diese Route zwar in der Nähe des Mains verläuft, aber Frankfurter Gebabbel und Äppelwoi weiter weg sind als der Mond. Er folgt den Spuren der Völkerwanderung und erobert den fränkischen Odenwald von Norden her.

Unsere Forschungsreise beginnt sozusagen am Rasthof Spessart an der A 3, denn dessen Zufahrt ist quasi mit der Abfahrt Rohrbrunn Nr. 64 identisch. Von hier können wir schnell die Steigung des fast 600 Meter hohen Querbergs überwinden, um danach geradewegs durch **Schollbrunn** ins Maintal hinab zu kurven. Wie vor Jahrtausenden bedeckt dichter Laubwald die Höhen. Der Spessart ist Deutschlands größtes zusammenhängendes Laubwaldgebiet. Doch führen anders als zu frühgeschichtlicher

Zeit keine schwierigen Trampelpfade hindurch, sondern eine gut ausgebaute Teerstraße, die wenig befahren ist. Unter so guten Voraussetzungen hätte hier vor 1700 Jahren sicher mehr Verkehr geherrscht. Denn mit Beginn der Völkerwanderung zogen Ende des 3. Jahrhunderts die Burgunder mit Sack und Pack in die gleiche Richtung wie wir jetzt und ließen sich rund ums Maintal nieder. Sie wurden 200 Jahre später von den aus dem Süden zurückkehrenden Alemannen verdrängt, denen wiederum die Franken auf den Pelz rückten, die, vom Rheintal kommend, dem Lauf des Mains folgten und ihre Kultur mit alemannischem Brauchtum mischten. Damit hatte das Hin und Her ein Ende, die fränkische Kultur behielt ab dem 6. Jahrhundert bis heute die Oberhand.

Der fränkische Dreiklang: Wald, Wasser, Wein, gilt ganz besonders für **Kreuzwertheim**, auf das wir als nächstes stoßen. Auf dem Bettingberg, wo uralte Bäume den Sporn inmitten der schöns-

Oben: Die romantische Schlossanlage von Wertheim. Unten links: Idyllisch geht es im Tal der Erf zu. Unten rechts: Das Blaue Haus in Wertheim wurde mit Originalfarben renoviert.

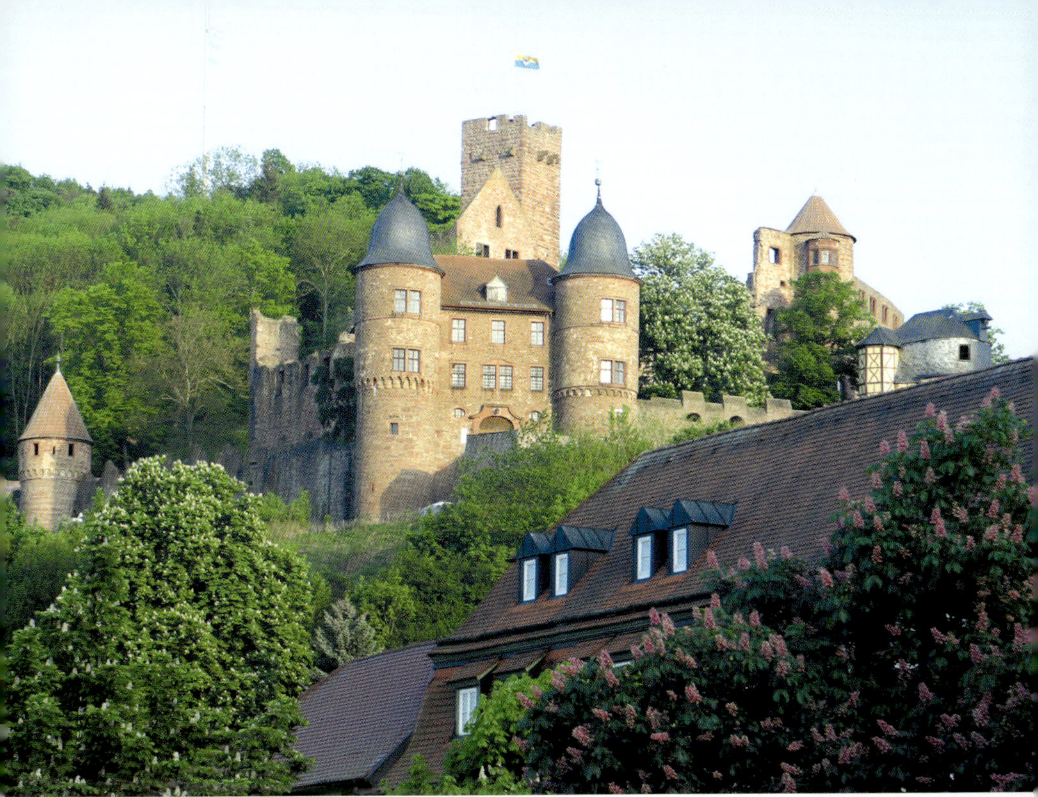

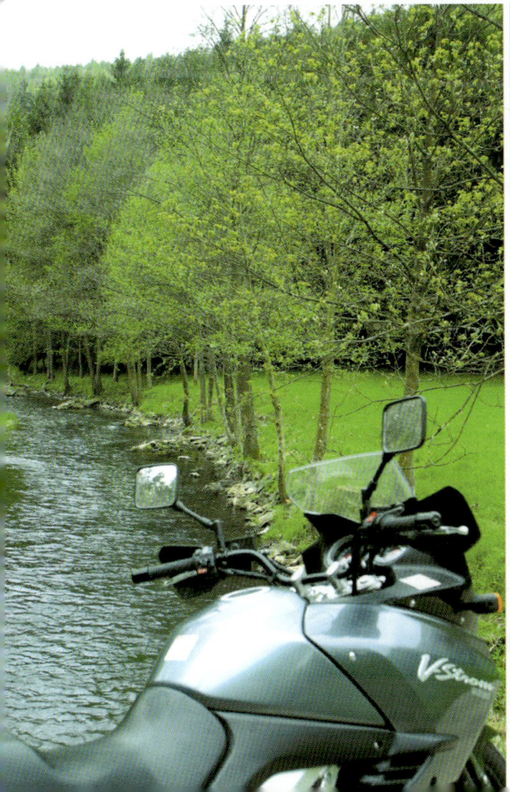

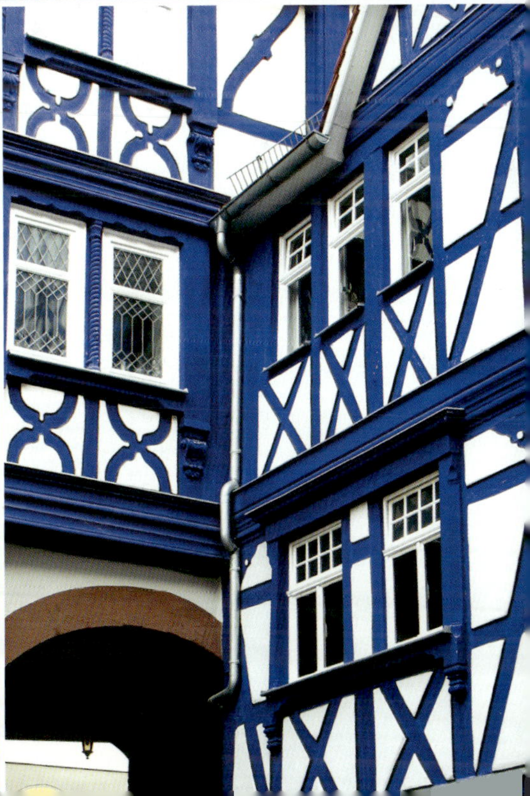

ten Mainschleife bedecken, soll einst die sagenumwobene Wettenburg gestanden haben. Das Gewässer lockte die ersten Siedler an, die sich anfangs als Fischer verdingten. Diese Zunft ist zwar inzwischen ausgestorben, doch der Wein ist den Bewohnern geblieben. Sowohl die Kelten als auch die Germanen waren große Weinliebhaber, mussten sich aber auf Import aus dem römischen Reich beschränken. Deshalb sieht man heute im Limes auch mehr die Abgrenzung eines Wirtschaftsraumes als einen militärischen Schutzwall. So kam der Wein erst im 7. Jahrhundert mit dem Christentum durch die drei Iroschotten Kilian, Kolonat und Totnan ins Frankenland, weshalb der 689 ermordete Mönch Kilian als Weinheiliger verehrt wird. Die heilige Thekla, die erste Äbtissin des Bene-

Randnotiz

Die Flasche mit Bauch

Bocksbeutel heißt die bauchige Flasche des Frankenweines. Ob der Ursprung im »capri sacculus« des Ziegenbocks oder dem Bugsbeutel (Feldflasche) liegt, ist unklar. Schon die Kelten besaßen die Flaschen.

diktinerinnenklosters Kleinochsenfurt, und Kitzingens erste Äbtissin St. Adelheid wurden schließlich als Begründerinnen des eigenen fränkischen Weinbaus gefeiert.

Begünstigt durch das damals bessere Klima, war die Anbaufläche in Franken bis zum Ende des Mittelalters siebenmal größer als heute. Unter der Quantität litt allerdings die Qualität, was die bayerischen Könige zur Förderung des pfälzischen Weins veranlasste, nachdem die Pfalz Bayern zugefallen war. Mit Beginn des 19. Jahrhunderts reagierten die fränkischen Weinbauern und legten Riesling, Traminer, Ruländer und Spätburgunder neu an. Als Pionier ersten Ranges begann Sebastian Englert aus Randersacker mit der Kreuzung von Sorten. Er züchtete bereits 1853 aus Riesling und Silvaner die Bukettrebe, die auch als Bocksbeutelrebe bekannt und für die Region typisch ist. Eine Kostprobe sollte man nehmen – aber nicht während der Tour.

Die geht jetzt hinüber zur anderen Mainseite nach **Wertheim**. Schon von weitem strahlt das majestätische Schloss über der Stadt in der Sonne. Die Burganlage war einst Sitz der Grafen von Wertheim und stellt heute eine der ältesten und größten Steinburgen Süddeutschlands dar. Ihre zahlreichen Wohngebäude waren durch einen tiefen Schluchtgraben und ausgedehnte Wehranlagen gesichert und nur über eine Zugbrücke erreichbar. Im Dreißigjährigen Krieg besetzten die Schweden Stadt und Burg, wurden jedoch von den kaiserlichen Truppen vertrieben, die das Gemäuer 1634 in Trümmer schossen. Nach einer erneuten schwedischen Besetzung und weiterem Beschuss durch Bayern blieb sich 1648 schließlich die Ruine selbst überlassen. Ersten Sicherungen vor dem Verfall durch die Fürstenhäuser Löwenstein-Wertheim-Rosenberg und Freudenberg folgte 1995 der Kauf durch die Stadt Wertheim, die seitdem das dortige Gastronomie- und Kulturangebot ausbaut.

Die Stadt selbst bietet mit dem über 36 Meter hohen Spitzen Turm der ehemaligen Befestigung, der Marien- und der Kilianskapelle, dem nur drei Meter breiten Zobel-Fachwerkhaus und dem Engelsbrunnen weitere Sehenswürdigkeiten. Zu empfehlen ist ebenfalls ein Gang zum Taubersteg und weiter tauberaufwärts zum Kittsteintor.

Auch wir schwimmen gegen den Strom und folgen der Wegweisung ins liebliche Taubertal. Eng schmiegt sich die Straße an die Mäander des Flusses, bis wir das Tal in **Bronnbach** mit seiner grandiosen Zisterzienserabtei verlassen und rechts über die Brücke hinauf nach **Külsheim** kurven. Der dort in Sichtweite des Schlosses angebaute »Hohe Herrgott« mundet als tauberfränkischer Wein noch besser als das frische Quellwasser aus dem Dreischalenbrunnen in der Fußgängerzone. Wessen Appetit jetzt angeregt ist, kann im benachbarten **Hardheim** traditionsreich speisen, denn der dortige Gasthof Ochsen reicht bis ins 16. Jahrhundert zurück. Neben den historischen Gebäuden am Marktplatz gehören das Schloss, der Steinerne Turm sowie die Josephskapelle zu den Sehenswürdigkeiten.

So gelangen wir ins Erftal, das nicht

Wertheim

Als »schönsten Punkt auf der gesamten Reise« würdigte Karl Baedeker 1862 den Ort in seiner Beschreibung des Mains. Eigentlich ist die große Kreisstadt Wertheim eine Erweiterung von Kreuzwertheim, weil im 13. Jahrhundert die Grafen von Wertheim ihr mächtiges Bollwerk auf der anderen Flussseite errichten ließen und sich in dessen Schutz eine neue Ansiedlung entwickelte. Um den 300 Jahre älteren Ort von dem neuen Wertheim zu unterscheiden, nannte ihn die Bevölkerung mit Bezug auf das markante Kreuz des Kirchplatzes Kreuzwertheim. Mit Wertheims Erlangung der Stadtrechte 1306 geriet sein Gegenüber ins Hintertreffen, doch als Napoleon 1806 mit einem Federstrich den Main zur Grenze zwischen Bayern und Baden erklärte, wurde aus der alten Residenz eine unbedeutende Grenzstadt.

Erst nach dem Zweiten Weltkrieg setzte wieder eine dynamische Entwicklung ein, und Wertheim wurde zum Wirtschaftsstandort mit dem Schwerpunkt Glasindustrie. Als Mittelpunkt einer weitläufigen Ferienregion am Schnittpunkt von Spessart, Odenwald und Taubertal bietet es neben dem malerischen Stadtbild und der imposanten Burg eine moderne Infrastruktur für den Fremdenverkehr.

weniger schön als das der Tauber ist, aber von Fremden seltener frequentiert wird. In dem kleinen Ort **Riedern** verlassen wir es für eine Weile, um wieder wie die Heerscharen der Völkerwanderung in südwestliche Richtung zu ziehen. Spuren der durch die Römer vertriebenen Kelten zeugen von einer ersten Besiedlung dieser Gegend. Wie schon damals den anstürmenden Alemannen stellt auch uns heute der Limes kein Hindernis mehr, und wir gelangen gänzlich unbehindert nach **Walldürn**.

In dem Wallfahrtsort mit seiner berühmten Basilika sind sowohl der besagte Schutzwall als auch ein Freilandmuseum ausgeschildert. Letzterem Hinweis folgen wir über ein holperiges, geflicktes Wald- und Wiesensträßchen. In der sanften Hügellandschaft, in der der fränkische Odenwald und das Bauland fließend ineinander übergehen, verläuft die Route wie mit dem Lineal gezogen.

Am Ortsrand von **Gottersdorf** das Museum unter freiem Himmel: Eine typische Odenwaldsiedlung wie vor rund 100 Jahren. Manch einer kennt vielleicht noch aus seiner Kindheit das Landleben der Großeltern, die erst mit dem Wirtschaftswunder im großen Stil auf Traktoren und Mähdrescher setzen konnten. Mit Beginn des 20. Jahrhunderts hielten hier die ersten landwirtschaftlichen Maschinen Einzug. Man verwendete sie zur Düngung oder Kartoffelernte. Sie stehen überall herum, ihr unrestaurierter Originalzustand verleiht dem künstlich angelegten Dorf ebenso Authentizität wie die Jahrhunderte alten Bauerngebäude. Diese – aus verschiedenen Orten zusammengeführt – wurden Stein für

Stein wieder aufgebaut. Da es bis vor wenigen Jahren für einen Bauern undenkbar war, Obst, Gemüse, Salate oder Blumen zu kaufen, erstreckt sich ein solches Dorf durch die direkt bei den Häusern liegenden Gärten über eine große Fläche. Die Siedlung wird ehrenamtlich in zeitgenössischer Weise bewirtschaftet, so dass der Besucher einen realen Einblick in den früheren Odenwälder Alltag erhält (geöffnet April bis Oktober, Dienstag bis Sonntag 10.00 bis 18.00 Uhr). An Sonn- und Feiertagen bietet die Museumsvesperstube ein zünftiges Mahl wie aus Großmutters Küche.

Gut genährt geht es ein Stück nach Bayern hinein. An der nächsten einsamen Einmündung biegen wir rechts ab und orientieren unsere Route durch **Schippach** und **Heppdiel** an der Wanderrichtung der Alemannen. Wir erreichen auf der ruhig und angenehm zu fahrenden Lokalverbindung in **Pfohlbach** wieder das Erftal und stoßen wie die Alemannen aus Süden kommend zum Main vor. Nach rund fünf Kilometern kämpfen wir uns rechts die Serpentinen hinauf Richtung Wertheim, gewinnen an dem steilen Hang schnell über 200 Meter Höhe und werfen zwischen den Bäumen hindurch immer wieder einen Blick hinunter ins Tal. Oben angekommen sind wir schon wieder in Baden-Württemberg. Denn 1945 trennten die Alli-

Oben und unten links: Walldürn mit seiner Basilika Zum Heiligen Blut. Unten rechts: Fähre über den Main nach Stadt-Prozelten, Odenwaldsiedlung im Freilandmuseum bei Gottersdorf.

ierten das alte Großherzogtum Baden bei **Ebenheid** und schufen in der amerikanischen Besatzungszone ein neues Bundesland.

Der griffige Belag bietet hier oben auf den Anhöhen südlich des Mains echten Fahrgenuss. Der Straßenverlauf erinnert mit wechselnden Steigungen und herrlichen, meist gut einsehbaren Kurven etwas an die Anfänge der Nürburgring-Nordschleife. Mögliche Fahrbahnverschmutzungen und Landwirtschaftsverkehr zwischen Rapsfeldern und Obstwiesen sollte man bei allem Übermut dennoch nicht vergessen. Auf der »Zielgeraden« biegen wir links sozusagen in die »Boxengasse« ab, nach **Boxtal**.

Am Ende dieser sportlichen Etappe schwenken wir rechts nach **Mondfeld**. Mit der dortigen kleinen Fähre gelangen wir ans nördliche Ufer des Mains, wo die Ruine Henneburg direkt auf uns herabschaut. Bescheidene 80 Cent für Mensch und Maschine nimmt der Fährmann, der das Metallfloß alleine bedient, für die Überfahrt nach **Stadt-Prozelten**. Vorbei an der Burgruine Collenberg aus dem 13. Jahrhundert, die der umliegenden Gemeinde den Namen gegeben hat, klettern wir rechter Hand nach **Mönchberg** hinauf. Etwas holperig geht es in den Kurven zu, die von buntem Laubwald umschlossen sind. Recht flott führt uns der Asphalt jenseits von Mönchberg mit seiner sehr gut erhaltenen Stadtmauer geradewegs bergab.

Nach einem »Sprunghügel« knicken wir durch **Eschau** zweimal rechts ab ins wildromantische Aubachtal nach **Wildensee**. Hinter Wildensee heißt es aufgepasst, denn nach links ist über einen Parkplatz der Landgasthof Hundsrück beschildert. Zu diesem Aussiedlerhof, der als einer der abgelegensten Orte des Spessart gilt, führt ganz offiziell eine teilweise unbefestigte Waldstraße, die besonders Enduristen Freude bereitet. Auf diesem Abstecher begegnen uns immer wieder Mountainbiker, die freundlich grüßend den motorisierten Spaß nachvollziehen können. Auch mit einer ganz normalen Straßenmaschine ohne Stollenreifen ist das kurze Stück übrigens ohne Probleme zu meistern.

Einen gemütlichen Abschlusstrunk hat man sich auf jeden Fall verdient, bevor es durch den stockdunklen Wald zurück auf die Straße von Altenbuch nach **Rohrbrunn** geht. Damit ist unserer Entdeckungsreise auf den Spuren der Völkerwanderung zu Ende.

Kurz-Check

Streckenlänge: *ca. 150 km.*
Charakter: *Leicht bis mittel. Romantische, abgelegene Sträßchen, großteils gut ausgebaut. Ab und zu fordert eine kurze Holperstrecke die Federelemente.*
Highlight: *Die sportliche Strecke zwischen Eichenbühl und Boxtal.*
Einkehr-Tipp: *Das 400 Jahre alte Gasthaus Ochsen in Hardheim.*
Absolutes Muss: *Probe eines typischen Frankenweines mit seiner herben Frische.*

Burgen und Bäche

Wasser spielt im südlichen Odenwald eine zentrale Rolle, murmelnde Rinnsale und brausende Bäche fließen zum Neckar.

Fast ist der Reisende versucht zu glauben, die Region nördlich des Neckars wäre eine überdimensional angelegte Festung: Beinahe jede größere Erhebung krönt eine Burg, die von einem Wasserlauf zu ihren Füßen geschützt wird. Ortsnamen wie Brombach, Eberbach, Lindenbach, Reisenbach oder Sensbach sagen viel über die Topographie, die Cäsars Legionen ebenso zu nutzen wussten wie bis heute die US-Streitkräfte. Auf unserer kurvenreichen Tour durch dichte Wälder und weite Täler werden wir von römischen Wachtürmen bis zu barocken Jagdschlössern die unterschiedlichsten Gemäuer passieren und ohne Mühe mehr als ein Dutzend Burgen sehen. Durch seine wilde Beschaffenheit widersetzte sich der südliche Odenwald erfolgreich ausufernder Zivilisation und wirkt hier noch sehr ursprünglich.

Ausgerechnet der Startpunkt unserer Reise hat trotz seiner Namensgebung keine Burg zu bieten: **Ladenburg**. Die Stadt am nördlichen Neckarufer ist aus allen Richtungen bequem über die A 5 zu erreichen. Auf den Resten römischer Wehrmauern wurde um 1200 die Stadtbefestigung mit Hexenturm und Martinstor erbaut. Die Besichtigung der romantischen Altstadt mit ihren Gassen lohnt nicht nur wegen der Gebäude aus den unterschiedlichsten Epochen, wie der mit Holzgalerie versehene Renaissancebau des Restaurants Zur Sackpfeife. Auch Techniker kommen auf ihre Kosten. Denn der Automobilpionier Carl Benz lebte ab 1903 in Ladenburg und liegt hier begraben. Über sein Leben und Werk kann man sich in seinem Haus am Dr.-Carl-Benz-Platz und im Automuseum Dr. Carl Benz in der Weststadt informieren (Am Sägewerk 6 - 8, Samstag und Sonntag 14.00 bis 18.00 Uhr). Es beherbergt auch einige Motorräder. Weiterhin sehenswert ist das 1998 eröffnete römische Forum.

Doch wir wollen ja nicht hier in der Ebene verweilen, sondern den Odenwald durchforsten. Dessen Berge scheinen schon am Ladenburger Ortsrand ganz nah, wenn wir unsere Maschine durch Apfelbaum-Plantagen Richtung **Schriesheim** lenken. Über dieser ehemaligen fränkischen Siedlung ist schon von weitem die Strahlenburg aus dem

Die Stadt Ladenburg am Neckar entstand auf den Resten einer römischen Siedlung. Neben der fast vollständig erhaltenen Stadtmauer gibt es auch das Benz-Museum zu besichtigen.

13. Jahrhundert zu sehen, die unter anderem im Dreißigjährigen Krieg strategische Bedeutung hatte. In dem Warenumschlagplatz zwischen Rhein und Odenwald hat der Mathaisemarkt von 1579 bis heute überdauert.

Wir biegen von der Bundesstraße B 3 ab in Richtung Heiligkreuzsteinach und können in dem engen Tal deutlich erkennen, wie in der Zeit der Industrialisierung aus den alten Wassermühlen Papierfabriken entstanden. Jetzt weitet sich endlich die Straße etwas, wir lassen die nächste Abzweigung links liegen und kurven geradeaus nach **Wilhelmsfeld**. Schon auf diesen ersten Kilometern präsentiert sich der Odenwald in seiner typischen Art, mit aus dem Laubwald hervorspringenden Sandsteinbrocken links der Straße und einem rechts durch eine

Randnotiz

Weltmeister: Die URS 500

Der Gespann-Rennfahrer Helmuth Fath baute selbst ein Motorrad und benannte es nach seinem Heimatdorf Ursenbach. Die URS 500 schlug BMW und MV Agusta und errang zwei Weltmeistertitel.

saftige Wiese plätschernden Bach. Von Wilhelmsfeld streifen wir nur den Ortseingang, denn wir wollen hinunter zum Neckar und folgen dem Wegweiser nach Heidelberg. Durch die Wipfel des dunklen Mischwaldes blitzen Sonnenstrahlen auf das frisch gelegte Asphaltband, das nach **Ziegelhausen** führt.

Dort angekommen, folgen wir links dem weiten Bogen des Neckars um den Lammerskopf. Am anderen Ufer liegen einige hübsche Campingplätze. Aber wir werden ja nicht jetzt schon die Zelte aufschlagen, sondern fahren gegen den Strom zwischen den Ruinen Reichenstein und Schwalbennest hindurch aus Baden-Württemberg kommend ein kurzes Stück nach Hessen hinein. Gegenüber der Feste Dilsberg schlagen wir uns in **Neckarsteinach** unterhalb von vier Burgen, die teils auf Sandsteinvorsprüngen atemberaubend dicht über der Straße hängen, wieder links ins Unterholz.

Aus diesem Tal des Lindenbachs heraus erklimmen wir in **Schönau** auf Höhe eines ehemaligen Zisterzienserklosters rechts das schmale Bergsträßchen nach **Grein**. Der kleine Haken bringt uns in den Genuss einer romantischen Nahverkehrsverbindung – nicht viel mehr als ein fester Waldweg durch hoch aufgeschossene Bäume und leuchtend grünen, dichten Farn. Schon nach rund zehn Kilometern sind wir wieder im Neckartal und nehmen die breite B 37 Richtung Mosbach unter die Räder.

Der Neckar ist nicht nur ein wichtiger Transportweg, sondern bietet an dieser ruhigen Stelle auch gute Wassersportmöglichkeiten. Wegen der reizvollen Landschaft verläuft oberhalb des Ufers ein bekannter europäischer Fernwander-weg. Doch nicht immer ist der Fluss ein behäbiger Geselle: Sein Eisgang riss im Jahr 1565 Teile der Hirschhorner Stadt-mauer ein, und 1993 überflutete er sei-ne Ufer mit einem Jahrhunderthochwas-ser. Uns kann das nicht mehr belasten. Bevor sich die mitunter stark frequen-tierte Schnellstraße über den Neckar schwingt und in einen Tunnel mündet, nehmen wir die Ausfahrt ins mittelalter-liche **Hirschhorn**.

Über dem Ort thront die über 800 Jah-re alte Burg, deren Ritter Ende des 14. Jahrhunderts die planmäßig angelegte und befestigte Siedlung erbauen ließen. Zwar wurde die Stadt 1556 von einem großen Brand und im 17. Jahrhundert von mehreren Kriegen und der Pest heimgesucht. Doch die spätere Dampf-schifffahrt und im 20. Jahrhundert die Errichtung der Staustufe, einer Brücke über den Neckar sowie die Anerkennung als Luftkurort ließen Hirschhorns Be-deutung wieder wachsen. Hinter der Stadtmauer finden sich in der Haupt-straße sehenswerte Fachwerkhäuser mit Schnitzereien, Hausinschriften, Fischer- und Flößermarken und dem »wilden Mann« am Giebel – zur Abwehr des Bö-sen. Die heutige Friedhofskirche St. Na-zarius und Celsus stellt als ursprüngli-che Ersheimer Kapelle aus dem Jahre 773 die älteste Kirche des Neckartals dar. Das 1406 geweihte Karmeliterklos-ter beherbergt noch Fresken der Erbau-ungszeit und im Chor das Wappen der Ritter von Hirschhorn. Ganz frisch sind dagegen Kaffee und Kuchen im Café Schmidt direkt am Marktplatz.

Nach dieser Gaumenfreude verlassen

Eberbach

*D*ie Gründung der Stadt wird auf 1227 zurückgeführt, als König Heinrich VII. von Hohenstaufen die bereits im 11. Jahrhundert auf ei-nem Bergvorsprung zwischen Itter-tal und Neckartal begonnene Burg Eberbach übernahm und die Sied-lung zu ihren Füßen ausbaute.

Schon ab 1235 wurde Eberbach Reichsstadt. Nach einem Brand, der alle Unterlagen vernichtete, wurden die Stadtrechte 1346 von Ludwig dem Bayern erneuert. Der so ge-nannte »Keller« trieb die Steuern ein, an dessen Residenz erinnert noch heute die Kellereistraße. Aus Kostengründen wurde 1403 die Burg vom Burgherrn selbst ge-schleift. Doch entstanden in jener Zeit Adelshäuser, die noch heute in der Altstadt zu sehen sind, wie das Bettendorf'sche Haus oder das Thalheim'sche Haus.

Nach dem Ende der Napoleoni-schen Kriege wuchs die Stadt vor allem im 19. Jahrhundert wegen der Neckartalstraße und der Bahnlinie stetig und konnte sich mit dem Bau der Neckarbrücke 1900 jenseits des Flusses ausdehnen. Handel, Indus-trie und Handwerk erlebten einen Aufschwung. Mit der Anbindung Eberbachs entwickelte sich auch der Fremdenverkehr als wichtiger Wirtschaftszweig, den heute der Heilquellen-Kurbetrieb ergänzt.

wir den geschichtsträchtigen Ort und stoßen erneut nördlich in den Odenwald, um nach etwas über zwei Kilometern an der Kreuzung rechts hinauf nach **Rothenberg** zu schwenken. Zunächst windet sich der Weg durch dichten Wald, um dann auf der Hirschhorner Höhe immer wieder grandiose Blicke ins Umland freizugeben. Zum Beispiel hinunter ins Tal des Finkenbachs. Jetzt kratzt das Motorrad auf gut 15 Kilometern eine Kurve nach der anderen, kaum ein Auto begegnet uns auf der schmalen Allee. Wir Einspurige wissen ihren guten Ausbau zu schätzen, genießen das Panorama und die Schräglagen dieses fahrerischen Highlights.

Kaum in **Beerfelden** angekommen, kehren wir unsere Fahrtrichtung wieder um und düsen zwischen einem Spalier aus Apfelbäumen entlang des Gammelsbachs nach Eberbach. Zusammen mit anderen Trutzmauern und Aussichtstürmen wacht Ruine Freienstein über die Bundesstraße 45, bis wir wieder die bekannte B 37 erreichen und ein kurzes Stück dem Neckar flussaufwärts folgen.

Eine Besonderheit **Eberbachs** ist die Sgraffito-Malerei, eine Kratztechnik auf farbigen Putzunterlagen, an vielen Bürgerhäusern der Altstadt. So ist beispielsweise an der Front des Hotel Karpfen am Alten Markt die Geschichte der Stadt abgebildet. Zwei der vier Stadtmauertürme beherbergen Museen: der Haspelturm ein Zinnfigurenkabinett, der Pulverturm eine Uhrenstube (Mai bis Oktober täglich 10.00 bis 17.00 Uhr). Wir nutzen den Abzweig zur Ruine der Burg Eberbach und schwenken östlich an der Emichsburg vorbei nach **Waldkatzen-** **bach**. Wegweiser beschildern den Aufstieg zum Katzenbuckel, mit über 620 Metern die höchste Erhebung der Region und nicht zuletzt dank Turmschänke ein beliebtes Ausflugsziel.

Weniger touristisch ausgeschlachtet werden dagegen die Reste des Limes, auf den wir im weiteren Verlauf zusteuern. Die gut ausgebaute Route läuft durch kühle Wälder und saftige Wiesen, in 530 Meter Höhe starten Segelflieger direkt neben der Straße. Aus dem Cockpit eines solchen Vogels könnte man die alte römische Verteidigungslinie sicher besser erkennen. Denn sie wurde auf der Linie Robern – Unterscheidental nicht besonders ausgebaut, weil sie schon bald weiter nach Osten wandern musste. Und so lassen sich nur mit etwas Mühe die Grundmauern eines römischen Kastells entdecken, die in **Unterscheidental** unscheinbar im hohen Gras liegen.

Wir ziehen aus dem verschlafenen Ort Richtung Westen, folgen dem Hinweisschild zur Gaimühle und tauchen tief in den dunklen Wald ein, in dem sich das Jagdschloss Wilhelmshöhe versteckt. Angesichts der hier betriebenen Forstwirtschaft ist Vorsicht geboten, denn auf dieser fast unbefahrenen Strecke können Langholztransporter um die Kurve kriechen. Nicht überraschend mündet der Waldweg auch fast direkt in die Holzstöße eines Sägewerks.

Die grünen Tunnel im Wald sind typisch für den Odenwald (oben). Im idyllisch am Neckar gelegenen Hirschhorn findet im September ein historischer Markt statt (unten).

Der Durchgangsverkehr unterquert jetzt in einem kleinen Tunnel die 120 Jahre alte Eisenbahnlinie, hinter der wir die zweite (!) Einmündung hinein ins Sensbachtal nehmen. Die kurvenreiche Route durch das Sensbachtal ist ein Eldorado für Motorradfahrer. Schon allein wegen des Buckelwirts am Abzweig nach Beerfelden, eines überregional bekannten Motorradtreffpunktes. Auf der Wiese vor dem Gasthaus parken stets Maschinen aller Kategorien. Leider ist die herrliche Landesstraße 312 nach Beerfelden an Wochenenden und Feiertagen für Biker gesperrt, und man muss einen Umweg über die ehemalige Bergrennstrecke am Krähberg nehmen.

In **Beerfelden**, mit über 500 Metern die höchste Odenwaldgemeinde, folgen wir den kleinen Hinweisschildern zum

Kurz-Check

Streckenlänge: ca. 185 km.

Charakter: Leicht bis mittel. Viele kurvige Nebensträßchen, die jedoch gut ausgebaut sind, dazwischen flotte Passagen zum Entspannen. Ursprüngliche Landschaft mit vielen Burgen.

Highlight: Die Kurven von Hirschhorn hinauf nach Rothenberg.

Einkehr-Tipp: Motorradtreffpunkt Buckelwirt im Sensbachtal.

Absolutes Muss: Besichtigung des Galgens von Beerfelden.

ehemaligen Galgen, dem wohl größten in Europa. Die drei sechs Meter hohen Sandsteinsäulen wurden 1597 noch vor dem Dreißigjährigen Krieg an diesem reizvollen Platz aufgestellt, um dem Delinquenten als besondere Bestrafung noch einmal die Schönheit der Welt zu zeigen, die er verlassen musste. Die letzte Hinrichtung erfolgte 1804, als man eine Diebin aufknüpfte. Nun biegen wir links ins Finkenbachtal ab, in das wir zuvor von der Hirschhorner Höhe aus blicken konnten. Erst jetzt lässt sich dessen urige Vegetation bestaunen, die teilweise in den Sümpfen wuchert. Der morbide Charme alter Bauernhäuschen zeugt vom harten Leben früherer Zeiten.

An der folgenden, uns bereits bekannten Kreuzung fahren wir rechts nach **Brombach** und dann ins Ulfenbachtal. Dort halten wir uns zuerst links, um an einer etwas versteckten Einmündung im spitzen Winkel rechts in die Waldstraße nach **Heiligkreuzsteinach** einzubiegen, die den Berg der Ruine Harpfenburg umkurvt. Aus dem Waldgeschlängel kommend fahren wir rechts der Vorfahrtsstraße folgend durch den Ort und dahinter links Richtung Schriesheim. Auf der folgenden perfekt ausgebauten, kurvigen Landstraße halten wir uns Richtung **Altenbach**, hinter dem wir rechts hinauf nach **Ursenbach** kurven. Kaum zu glauben, dass dieses kleine Dorf einmal Motorradsport-Geschichte schrieb. Es ist die Heimat der privaten Gespannpiloten Helmut Fath und Horst Owesle, die dem BMW-Werksteam 1968 und 1971 zwei Weltmeistertitel abtrotzten. Über ihre Hausstrecke gelangen wir über **Hirschberg** zum Ende der Tour.

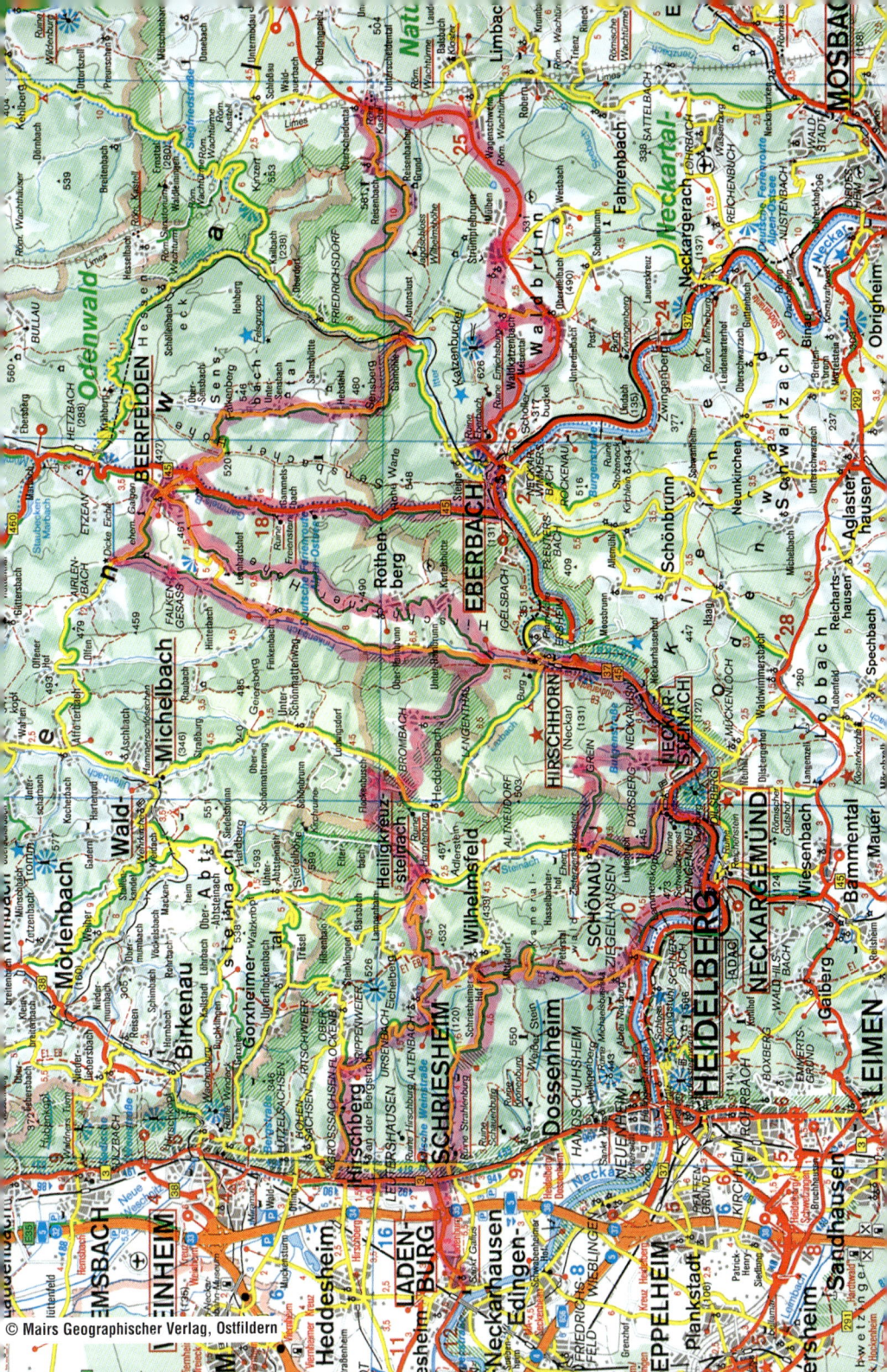

Kleiner Odenwald

Kaum jemand weiß, dass es ihn überhaupt gibt, den Odenwald südlich des Neckars. Dabei spielt er eine Rolle in der Weltgeschichte.

Der Odenwald ist ein wilder Geselle und sträubt sich gegen rigide Begrenzung und allzu klare Zuordnung. Frech überschreitet er die Ländergrenzen von Hessen, Baden-Württemberg und Bayern und lässt sein wahres Ende sowohl im Osten wie im Süden gern im Dunkeln. Weil die meisten Menschen aber klare Strukturen im Leben brauchen, schneiden sie ihn in ihrer Vorstellung einfach am Neckar ab. Wir begehen natürlich nicht diesen groben Fehler, sondern schöpfen den Naturpark Neckartal-Odenwald in seiner ganzen Größe aus. Durchpflügen die sanften Hügel südöstlich von Heidelberg, schauen über den Tellerrand in den benachbarten Kraichgau und entdecken auf unserer Forschungsreise so manche Überraschung.

Da **Heidelberg** weltweit für deutsche Gemütlichkeit und Gastlichkeit steht, ist der Weg in den Kleinen Odenwald leicht zu finden. Wir nehmen jedoch über die A 5 kommend zunächst die Ausfahrt Nr. 38 und heben uns die romantische Stadt im Neckartal für den Schluss unserer Tour auf. Denn wir peilen gleich zu Beginn die Berge des Odenwaldes an, von denen wir nach den ersten Höhenmetern einen schönen Blick auf die Rheinebene werfen können, und steuern zielstrebig auf eine bedeutende Stätte der Menschheitsgeschichte zu. Nein, nicht weil wir durch **Leimen** kommen, der Heimatstadt von Tennis-Legende Boris Becker, der als bislang jüngster Teilnehmer mit 17 Jahren das Turnier von Wimbledon gewinnen konnte. Auch nicht, weil wir durch das Straßenlabyrinth der Ausschilderung nach Bammental und **Gaiberg** folgen und so zwischen Obstwiesen auf der frisch angelegten Höhenstraße durch **Gauangelloch** nach **Schatthausen** kommen, das einen guten Namen für seine jahrzehntelange Tradition im Trialsport hat. Auch nicht, weil die Nachbargemeinde **Mauer** großen Motorsport bietet und 1982 Ausrichter der Enduro-EM war, sondern weil Mauer am 21. Oktober 1907 für eine Weltsensation sorgte: An diesem Tag fand der Arbeiter Daniel Hartmann zufällig beim Sandabbau einen menschlichen Unterkiefer, der mit einem Alter von mehr als 600.000 Jahren als das älteste menschliche Zeugnis in Europa gilt. Die Wis-

Fahrspaß pur auf den einsamen Sträßchen des Kleinen Odenwaldes (oben). Fischeridylle am Neckar, Burg Hornberg (unten links). Technik-Museum Sinsheim (unten rechts).

senschaft taufte den bis dahin unbekannten Urmenschen »Homo heidelbergensis«, weil er die Gegend südlich der bekannten Stadt besiedelt hatte. In der Urzeit floss der heutige Neckar nämlich noch in einem großen Bogen zwischen Neckargemünd und Mauer durch eine Tropenlandschaft, wodurch in unserer Zeit aus dem Sand und Kies des alten Flussbetts wertvolle Fossilien von Elefanten, Flusspferden oder Säbelzahnkatzen auftauchten. Das urgeschichtliche Museum in Mauer und seine über 200 Millionen Jahre alten Exponate sollte man deshalb besuchen (werktags 8.00 bis 12.00 Uhr und 13.00 bis 16.30 Uhr).

Aus dem Eiszeitalter düsen wir wie mit einer Zeitmaschine direkt in die Moderne: Durch das fruchtbare und ländliche Elsenz-Tal über die relativ ruhige

Randnotiz

Königliches Drama

Im Lerchennest versuchte Kronprinz Friedrich, späterer König von Preußen, in der Nacht zum 4. August 1730 seinem Vater zu entfliehen. Er wurde jedoch entdeckt und seine Mitwisser zum Tode verurteilt.

B 45 nach **Sinsheim**, dessen Auto- und Technik-Museum europaweit einzigartig ist. In seiner auch für Kinder interessanten Erlebniswelt stehen Lokomotiven, Oldtimer, riesige Kräne, Renn- und Rekordfahrzeuge sowie eine großartige Flugzeugsammlung, deren spektakulärste Objekte die TU 144, der einzige Prototyp eines russischen Überschall-Passagierfliegers, sowie die brit.-franz. Concorde sind (365 Tage im Jahr geöffnet, www.technik-museum.de).

Von hier geht es weiter Richtung **Weiler**, wo nach dem Aufstieg durch herrliche Kurven auf der Spitze eines Basaltkegels inmitten von Weinbergen die Ruine Steinsberg wartet. Von der höchsten Erhebung der Region aus kann man weit in alle vier Himmelsrichtungen schauen, weshalb sie auch »Kompass des Kraichgau« genannt wird. In der Burg aus dem frühen Mittelalter ist heute ein nettes Restaurant untergebracht (10.00 bis 24.00 Uhr, montags Ruhetag). Auf dem »Kompass« norden wir uns ein und schwenken durch den Ortsteil **Steinsfurt**, in dem einst Friedrich der Große als Kronprinz in der Scheune des Fachwerkhauses Lerchennest übernachtete und mit einer Gedenkstätte geehrt wird, wieder zurück nach **Sinsheim**.

Die Stadt hat ihre Ursprünge im frühfränkischen Dorf Sunnisheim, das um 550 entstand. Aber wie verschiedene Hügelgräber belegen, war die Region bereits 3000 v. Chr. besiedelt. Die wegen ihrer reichen Beilagen aus der Keltenzeit »Fürstinnengrab« genannte Stätte nahe Dühren ließ bei der Entdeckung die Fachwelt ebenso aufhorchen wie die in Steinsfurt gefundene Jupiter-Gigantensäule der Römer. Schmuckstücke jener Epochen finden sich im Sinsheimer Stadtmuseum.

Weiter nach Nordosten rollend, durchqueren wir auf der B 292 **Waibstadt**, in dem neben der Ruine von Schloss Daisbach besonders der alte jüdische Friedhof mit Mausoleum ein außergewöhnliches Kulturdenkmal darstellt. Das Mausoleum wurde in den 20er-Jahren dem ehemaligen Salomonischen Tempel in Jerusalem nachgebildet, mit innerem Vorhof und Heiligtum.

Ab **Helmstadt** lassen wir uns gemütlich auf Nebenstraßen durch die typische Kraichgauer Szenerie mit Landwirtschaft und bewaldeten Hügeln nach Gundelsheim treiben. Rechts der Straße lädt ein murmelndes Bächlein zur Rast im Schatten der Bäume ein. Zu verträumtes Touren verleitet jedoch dazu, vor Siegelsbach die linke Abzweigung nach Gundelsheim zu verpassen. Was schade wäre. Denn nur so gelangt man durch dichten Wald nach **Neckarmühlbach** zu Schloss Guttenberg.

Der ausgeschilderte Weg führt mitten durch die Nebengebäude der Anlage und lässt den Reisenden stilecht vor das große Tor reiten. »Achtung, frei fliegende Adler und Geier!«, warnt ein Schild am Eingang. Denn die Burg, seit über 550 Jahren im Besitz der Freiherren von Gemmingen-Guttenberg, ist die Deutsche Greifvogelwarte und ein privates Zucht-, Pflege- und Forschungszentrum für bedrohte Eulen und Greifvögel. Das sind z. B. Seeadler und Gänsegeier, die hier nicht bloß im Käfig bestaunt werden können (täglich Flugvorführungen um 11.00 und 15.00 Uhr). Informatio-

Heidelberg

*D*ie Stadt am Neckar ist Touristenpflicht. Erstmals 1196 erwähnt, hatten hier die Wittelsbacher von 1225 bis 1720 ihre Residenz. Die 1386 von Ruprecht I. gegründete Universität macht Heidelberg zur ältesten deutschen Universitätsstadt. Hier lehrten Humanisten wie Agricola oder Reuchlin, sie war 1559 – 1616 Mittelpunkt des Calvinismus, und aus ihr gingen mehrere Nobelpreisträger hervor. Der Philosoph Hans-Georg Gadamer war hier bis zu seinem Tod Professor.

Weitere interessante Einrichtungen Heidelbergs sind u. a. das Max-Planck-Institut für medizinische Forschung, die Landessternwarte, Botanischer Garten und Tiergarten, Landgericht, das Kurpfälzische Museum und das Hauptquartier der US-Streitkräfte in Europa. Das Geburtshaus von Reichspräsident Friedrich Ebert (1871 – 1925) gehört ebenso zur Stadt wie die unzähligen Studentenkneipen.

Im Dreißigjährigen Krieg wurde Heidelberg zweimal erobert und im Pfälzischen Krieg 1689 und 1693 von den Franzosen zusammen mit dem Schloss zerstört. Dessen Ruine am Königstuhl ist heute mit den Schlossfestspielen im August und der Festlichen Schlossbeleuchtung im Juni, Juli und September die große Attraktion.

nen über Artenschutz und Auswilderung sowie spezielle Ausstellungen erlauben einen ebenso guten Überblick über diesen Bereich der Ornithologie, wie der beeindruckende Bau aus dem 12. Jahrhundert mit Wehr- und Zwinganlagen selbst über das Neckartal. Unser Tipp: unbedingt besuchen.

Das Burgmuseum beherbergt neben Rüstungen und Jagdwaffen als Besonderheit eine Holzbibliothek, worin alle hierzulande vorkommenden Bäume und Sträucher zu finden sind. Für die kurze Pause empfiehlt sich die »Ritter-Rast« (geöffnet Dienstag bis Sonntag 11.00 bis 22.00 Uhr).

Jetzt folgen wir unmittelbar am linken Neckarufer dem Fluss durch **Haßmersheim** Richtung **Obrigheim**, dessen Kernkraftwerk einmal für heftige Debatten sorgte. Vielleicht werden es zukünftige Generationen einmal genauso als Zeugen einer vergangenen Epoche besichtigen, wie wir heute Schloss Horneck. Oder Burg Hornberg. Diese am rechten Ufer oberhalb steil abfallender Weinberge liegende größte aller Neckarburgen gehörte einst dem streitbaren Götz von Berlichingen und beherbergt das zweitälteste Weingut der Welt. Proben im 1254 eingerichteten Weinkeller gibt es für Gruppen ab zehn Personen.

Dafür wechseln wir aber nicht auf die andere Neckarseite, sondern weil wir auf der B 37 unterhalb bewaldeter Berge und an Sandsteinfelsen vorbei nach Eberbach fahren wollen. Gnädigerweise lässt die alte Zollburg Dauchstein heute Motorräder passieren, während früher die Dauchsteiner einfach eine schwere

Kette quer über den Fluss spannten, um von den Schiffen Zoll zu kassieren. Zu ihren Füßen genießen Angler die friedliche Stimmung im goldgelben Nachmittagslicht. Sie haben am wieder fischreichen Neckar ebenso ihre Freude wie die Wasservögel. Auf der Bundesstraße passieren wir zügig **Neckargerach** mit seinem Wahrzeichen, der Ruine Minneburg aus dem 12. Jahrhundert, die zusammen mit der gleich alten Burg Zwingenberg eine einzigartige Felsenlandschaft bewacht. Burg Zwingenberg klebt gut sichtbar direkt über der Straße und wird von Ludwig Prinz von Baden bewohnt. Die feudale Welt zwischen den Burgen Guttenberg und Zwingenberg ist also noch in Ordnung.

Gleich hinter dem Ortsschild **Eberbach** biegen wir rechts ab, um über die Brücke erneut das Ufer zu wechseln und Richtung Aglasterhausen nach Lobbach zu gelangen. Am Ortsausgang von Eberbach schraubt sich die Maschine in fantastischen Serpentinen durch den Wald hinauf und trägt uns auf der gut ausgebauten Höhenstraße zügig durch den Kleinen Odenwald zu seiner Südwestabdachung in der Gemarkung Waldwimmersbach. Auf ihr liegt in Lobenfeld eine bedeutende Klosterkirche aus dem 12. Jahrhundert. Nach den steilen Felshängen des Neckartals wirkt die Weite hier oben befreiend. Kurz hinter

Prachtvolles Heidelberg: Die Gassen der Altstadt (oben links), die malerische Alte Brücke (oben rechts) und der Blick vom Schloss hinab auf Altstadt, Brücke und Neckarufer.

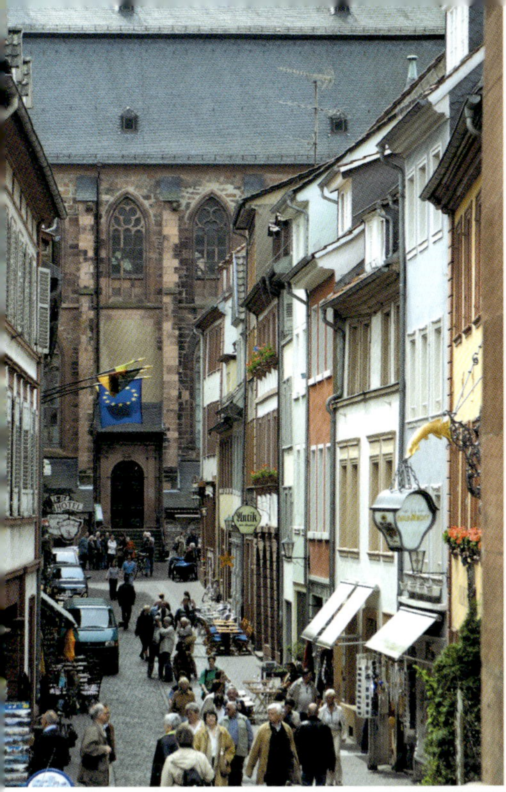
HOTEL
Antik

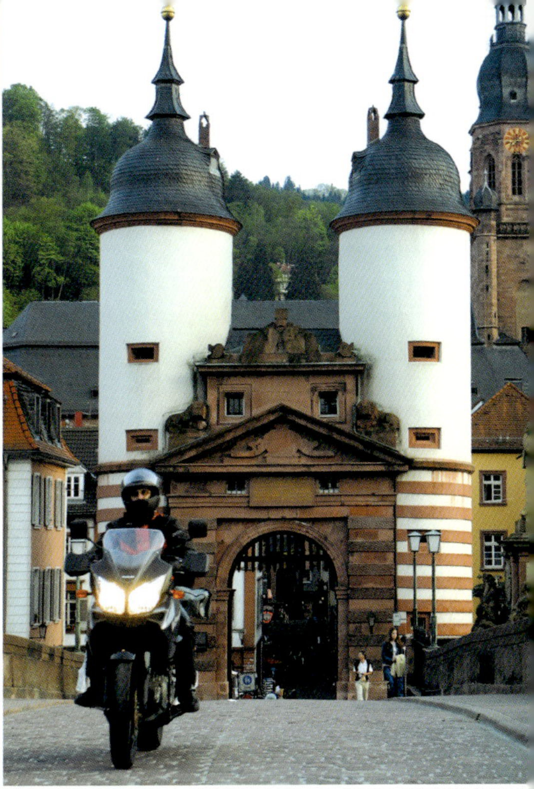

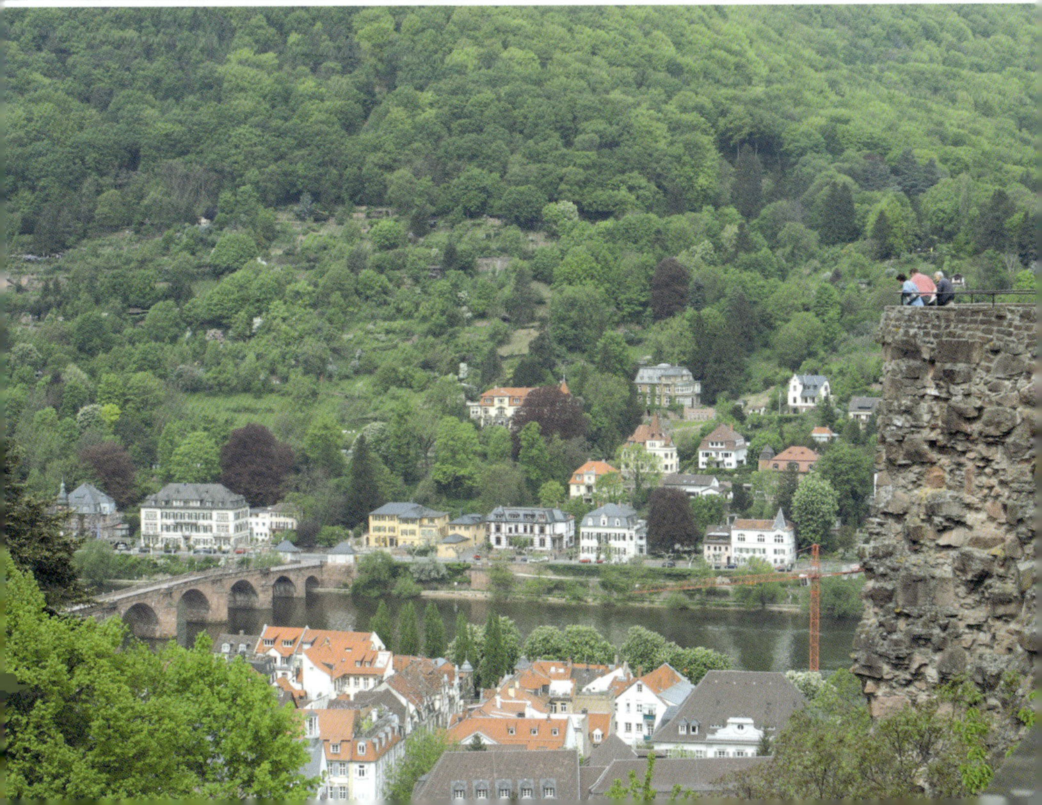

Schwanheim biegen wir rechts ab nach **Michelbach** und schließen aus der folgenden Beschilderung Heidelbergs, dass wir allmählich dem romantischen Höhepunkt unserer Tour zustreben. Am Ortseingang von **Waldwimmersbach** biegen wir rechts ab auf eine urige Waldstraße entlang eines Baches in Richtung Schönbrunn und **Haag**. Dort angekommen, schlagen wir einen linken Haken zum **Neckarhäuserhof**, zu dem ein einspuriger, jedoch gut befahrbarer Weg führt, den eigentlich nur Ortskundige nutzen. Diese wunderschöne Verbindung durch Wald, Wiesen und Auen ist eine Einladung zum ruhigen Motorradwandern und sanften Kurvenschwingen – das genaue Gegenteil zu dem zurückliegenden Stück Bundesstraße. Kaum sind wir lotrecht auf den Segelboothafen

am Neckar hinabgestoßen, klinken wir uns links auf eine kerzengerade, leere Straße am Fluss entlang ein. Ganz klar: Diese ca. 30 Kilometer quer durch den Kleinen Odenwald sind das fahrerische Highlight unserer Tour, das bei **Mückenloch** hinter dem Abzweig nach Dilsberg mit einem tollen Blick auf das Neckarknie einen würdigen Abschluss findet.

Deswegen wird es jetzt aber nicht langweilig. Im Gegenteil. Vorbei an der Feste Dilsberg und Ruine Reichenstein fahren wir mit Blick auf den Neckar nach **Neckargemünd**, wo wir noch einen Schlenker nach links drehen. Wir lassen uns nicht verleiten, den ausgeschilderten direkten Weg nach Heidelberg zu nehmen, denn der führt mit hoher Wahrscheinlichkeit zu Frust im Stau. Stattdessen genießen wir den weiten Bogen durch das Elsenztal, bis uns eine Abzweigung unter der Eisenbahn durch den Weg nach **Waldhilsbach** weist. Auf dieser schmalen Waldstraße können wir dank guter Ausschilderung den Königstuhl genannten Berg kaum verfehlen und kurven anschließend durch eine Handvoll Serpentinen praktisch direkt in die Heidelberger Altstadt hinab.

Heidelberg allein ist einen Tag Aufenthalt wert. Es bleibt also jedem selbst überlassen, ob er die Sehenswürdigkeiten der Residenzstadt besichtigen möchte wie die 1386 gegründete Universität, das Geburtshaus von Reichspräsident Friedrich Ebert, den Philosophenweg am anderen Neckarufer oder das bekannte Schloss. Man kann den Tag auch in einer der historischen Studentenkneipen ausklingen lassen. So oder so – der Abend wird lang.

Kurz-Check

Streckenlänge: *ca. 175 km.*
Charakter: *Leicht. Hoher Anteil an gut ausgebauten, nur mäßig befahrenen Bundesstraßen. Dazwischen kleine, einsame Landsträßchen.*
Highlight: *Die Strecke von Eberbach nach Neckargemünd.*
Einkehr-Tipp: *Das urige Burgrestaurant der Burg Steinsberg.*
Absolutes Muss: *Ein Bummel durch die Heidelberger Altstadt sowie der berühmte Blick von der Alten Brücke hinüber zum Schloss.*

Lauter Querköpfe

Individualisten, mutige Techniker und unbequeme Querdenker
– auf dieser Tagestour lernen wir sie alle kennen.

Es passiert sicher selten, dass ausgerechnet ein ziemlich ungehöriger Ausruf eines Querulanten über die Jahrhunderte millionenfach zitiert wird und einer ganzen Region Sympathien bringt. Auch müssen wir die Aufforderung des Götz von Berlichingen, die durch Goethes Feder zum geflügelten Wort wurde, hier nicht wiedergeben. Denn die Landschaft zwischen Neckar und Schwäbischer Weinstraße ist lieblicher als eine solche Wortwahl vermuten lässt. Man würde der Vielfalt des Berlichinger Landes nicht gerecht, wenn man es allein auf den Streitbaren mit der eisernen Hand reduzierte. Also lassen wir uns vom Wind über die sanften Hügel treiben, folgen unmittelbar dem Lauf der Jagst durch ihr romantisches Tal und begegnen dabei außer rebellischen Rittern auch akribischen Tüftlern und großen Erfindern.

Die Autobahn A 81 tangiert den badischen Odenwald im Südosten und ermöglicht uns einen leichten Einstieg in das so genannte Bauland. Ab Ausfahrt Osterburken von der Marienhöhe in das Kessachtal hinunter rollend, registrieren wir, dass dieser Name nicht von städtebaulicher Erschließung stammen kann. Denn dörfliche Idylle und Ackerbau prägen die Landschaft. Der uralte Getreideanbau in der Region sorgte für die Bezeichnung. Hier lag und liegt die Kornkammer des hinteren Odenwaldes.

In **Oberkessach** beginnend, schlagen wir uns nach Westen und gelangen über die gut ausgebaute Route im Seckachtal nach **Roigheim**. Vielleicht etwas überraschend stoßen wir in dieser kleinen Gemeinde auf Württemberger Hightech. Denn obwohl hier noch Post und Gemüseladen praktisch identisch sind, ist aus einer Papiermühle inzwischen ein weltweit anerkannter Zellstoffhersteller geworden, der Isolatoren für Kraftwerke und Transformatoren produziert. Strom spielt hier überhaupt eine besondere Rolle. Gleich neben dem Rathaus ist in einer alten Wagnerei aus dem 18. Jahrhundert das private Elektrogeräte-Museum der Familie Müller untergebracht. Über 1000 Exponate vom Grammophon über Volksempfänger bis zum Küchenmixer gibt es nach Voranmeldung zu sehen (Zeilstr. 7, Fon 06298/95120). Ein gespaltenes Verhältnis haben die Roig-

Auf dem Marktplatz von Mosbach lässt sich gemütlich eine Pause einlegen (oben). In den Hof der malerischen Burg Hornberg darf man mit Motorrädern hineinfahren (unten).

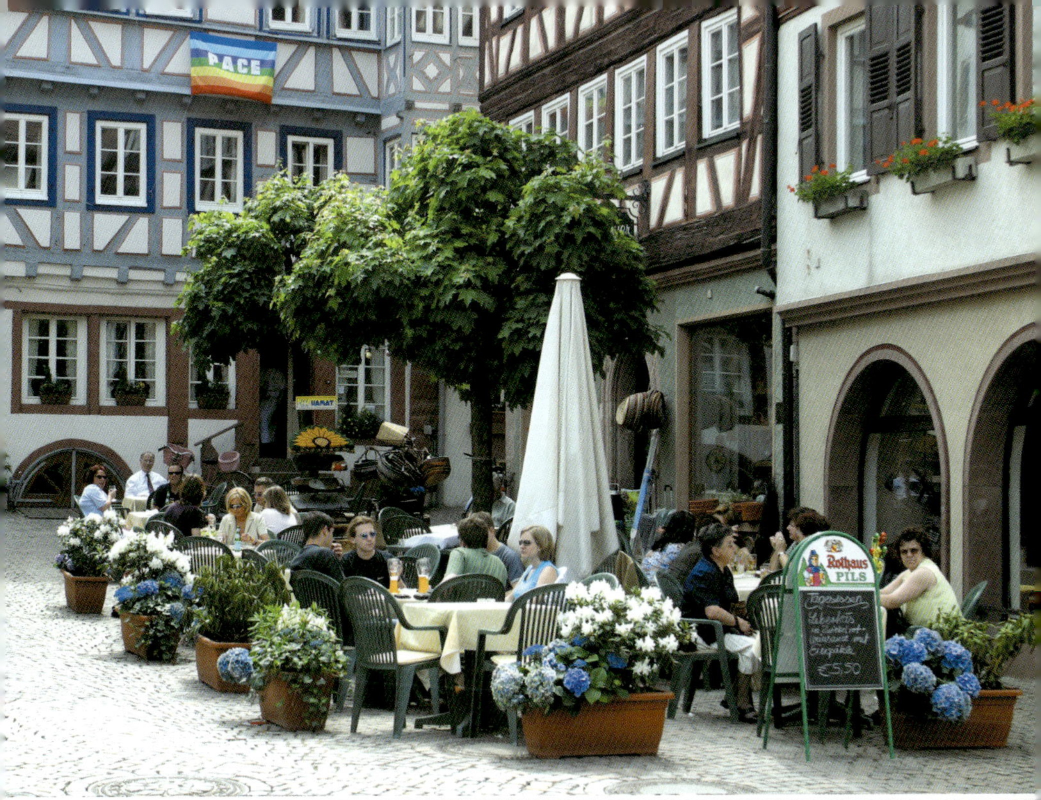
PACE
Rothaus
PILS

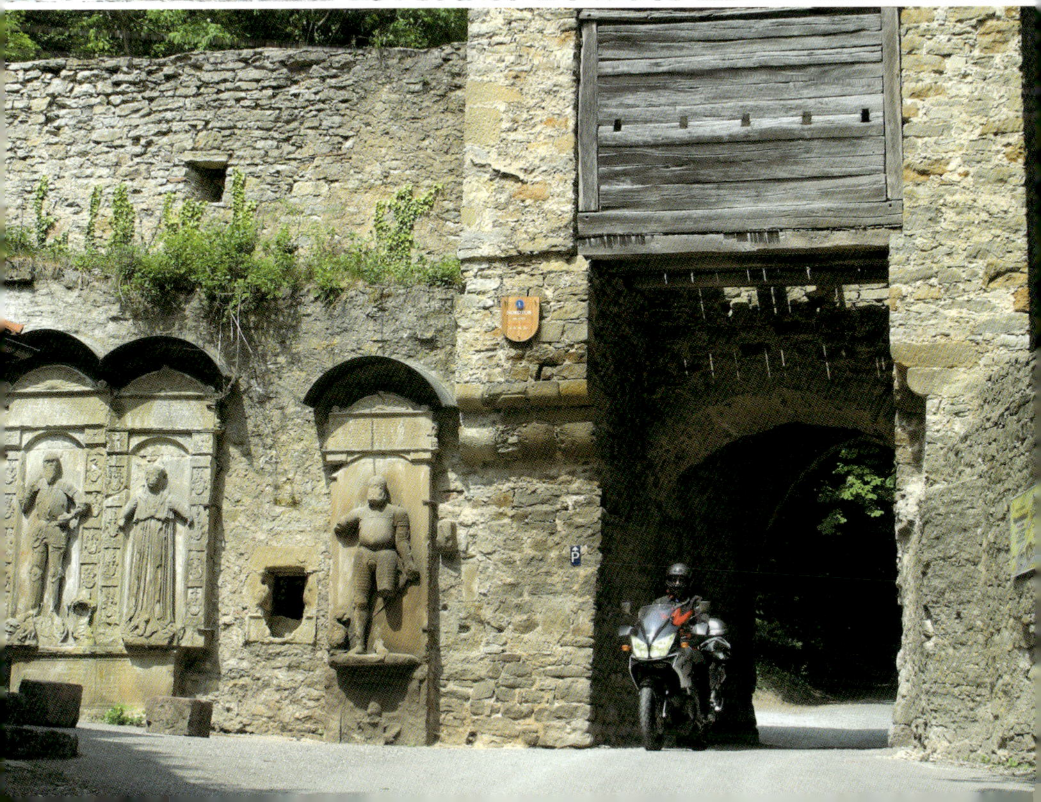

heimer zu ihren Schwefelquellen, in denen sich zwar bereits im 14. Jahrhundert Besucher gesund badeten, die den Einheimischen aber oft »stinken«.

Weiter westwärts überqueren wir zwischen den zwei Hühnerbergen in **Billigheim** die Schefflenz und fahren hinter **Sulzbach** aus den fast ebenen Höhenlagen hinunter nach **Mosbach**.

Die heutige große Kreisstadt gründet auf eine Anfang des 9. Jahrhunderts errichtete Benediktinerabtei und bietet in ihrem historischen Zentrum viele Fachwerkhäuser. Eines der schönsten Süddeutschlands und Aushängeschild des Ortes ist das Palm'sche Haus von 1610, dessen Eckpfeiler der Neidkopf ziert. Er soll Schutz vor Neidern bieten und Hab und Gut der Bewohner bewahren. Vom Rathausturm gegenüber hat man einen wunderbaren Blick auf die Altstadt, in der das Haus Kickelhain eine Vorstellung vom bürgerlichen Wohnen im 19. Jahrhundert vermittelt. Mit gerade mal 26 Quadratmetern fiel die Wohnfläche nicht üppig aus. In diesem 1788 erbauten Fachwerkhaus wohnten immerhin bis 1972 Menschen.

Wir verlassen Mosbach in Richtung Heilbronn und düsen zunächst auf der B 27 den Neckar entlang. Im Keltischen bedeutete der Name Neckar der »Wilde«, heute jedoch ist der Fluss eine weitgehend gezähmte Wasserstraße. Warum die an sein Ufer gebaute Bundesstraße ein Teil der Deutschen Burgenstraße ist, erschließt sich schon nach wenigen Kilometern, wenn der Weg zu Burg Hornberg beschildert ist. Nicht verwirren lassen: Dieser führt durch ein Wohngebiet von **Neckarzimmern** auf die Hochebene um Sulzbach und von dort als einspuriges, aber perfekt ausgebautes Kurvensträßchen durch den Wald zurück zum Neckartal. Dort thront oberhalb steiler Weinberge die Burg. Die ersten Steine der Festung wurden schon im 11. Jahrhundert übereinander gesetzt. Hier treffen wir erstmals auf das Geschlecht derer von Berlichingen, die im 16. Jahrhundert Hausherren waren. Der aktuelle Eigentümer, Baron Dajo von Gemmingen-Hornberg, zeigt sich großzügig und lässt seine Gäste durch das alte Holztor direkt in den Burghof fahren. Die ausgedehnte Anlage ist trotz Restaurant mit Aussichtsterrasse keine überstylte Touristenfalle, sondern ein authentisches Gemäuer und eine echte Empfehlung.

Weiter geht es auf der Bundesstraße, wo uns vor Gundelsheim das ehemalige

Randnotiz

Der Abt ohne Rhythmus

Der Abt Knittel gab dem Kloster Schöntal ab 1683 seine barocke Gestalt und reimte zahlreiche Inschriften. Diese Knittelverse ohne strengen Rhythmus wurden im 19. Jh. durch Goethes »Faust I« wiederbelebt.

Deutschordensschloss Horneck erwartet. Konrad von Horneck überschrieb diesen Besitz 1254 dem Deutschen Orden. Im Bauernkrieg wurde die Burg geplündert, wozu Götz von Berlichingen den Auftrag erteilt haben soll. Sein Vollstrecker Jäcklein Rohrbach wurde dafür einen Monat später am 21. Mai 1525 hingerichtet. Die Burg wurde wieder aufgebaut und erhielt im 18. Jahrhundert ihre heutige barocke Gestalt.

Gundelsheim selbst wird von Türmchen, Brunnen und seiner Altstadt geprägt, in der die Spuren der Deutschmeister zu finden sind. Nach einer kurzen Runde steuern wir das Hotel-Restaurant »Zum Lamm« an. In einem der schönen Fachwerkhäuser in der Schlossstraße gibt es nicht nur leckeres Essen, sondern auch etwas für Technikfreunde: Chef und Küchenmeister Fritz Schmid hat in seinem privaten Museum über 40 Fahrzeuge gesammelt, vom Lanz-Bulldog bis zum BMW-Gespann. Und ein paar gute Sprüche hat Herr Schmid auch immer parat.

Die nächste Packung Technik wartet übrigens gar nicht allzu weit von hier: Nur etwa 15 Kilometer sind es bis zum Deutschen Zweiradmuseum in Neckarsulm. Aber wir wollen ja weiter zum Jagsttal und fahren deshalb hinauf zum Michaelsberg, der uns vor **Tiefenbach** noch einmal ein herrliches Panorama auf die dicht gedrängten Burgen diesseits und jenseits des Neckars bietet.

Auf einer Apfelbaum-Allee mit griffigem Belag zirkeln wir hinter **Höchstberg** ein Stück bergab. Das Ufer der Jagst wartet. Flussaufwärts gelangen wir durch **Herbolzheim** nach **Neudenau**,

Mosbach

*D*er heutige Ortsteil Neckarelz wird rund 50 Jahre vor der 826 bezeugten Benediktinerabtei Mosbach erwähnt, die Otto II. 150 Jahre später dem Bischof von Worms schenkt. Im 14. Jahrhundert wird sie an die Pfalz verpfändet und später sogar Residenz der Pfalzgrafschaft. Pfalzgräfin Johanna ist in der Stiftskirche beigesetzt.

In der Altstadt ist das 1557 erbaute Rathaus mit seinem Turm ebenso sehenswert wie die Häuser des Stadtmuseums, das u. a. die Mosbacher Fayencen aus der 1770 gegründeten Manufaktur beherbergt. Außergewöhnlich ist die spätgotische Simultankirche, in der seit 1708 eine Mauer das evangelische Kirchenschiff vom katholischen Chorraum trennt.

Zwei Seelen wohnen auch in dem 700 Jahre alten Tempelhaus in Neckarelz, wo barocke Heiligenfiguren neben mittelalterlichen Schießscharten stehen. Führungen durch die Altstadt gibt es von Mai bis September jeweils mittwochs um 14.30 Uhr. Dabei kommt man auch zum »Kiwwelschisserbrunnen«, der einem alten Spitznamen der Mosbacher gewidmet ist. Wer mehr erleben will, besucht Mosbach am zweiten Mai-Wochenende zum Frühlingsfest oder startet vom Flugplatz Lohrbach aus zu einem Rundflug.

wo man über die Jagstbrücke direkt auf die spätbarocke Kirche St. Laurentius zufährt. Sehenswert ist hier nicht nur der historische Marktplatz mit seinem Renaissance-Rathaus, sondern auch das Schloss Neudenau aus dem 13. Jahrhundert. Es beherbergt heute unter anderem ein Heimatmuseum, in dem es NSU-Oldtimer zu sehen gibt (April bis September, Sonntag 14.00 bis 17.00 Uhr). Zur romanischen Kapelle St. Gangolf führt seit 1497 jedes Jahr im Mai eine Wallfahrt mit Pferden. Am Ortsausgang heißt es Augen auf, denn rechts an der Jagst gibt es eine Mühle bei der Arbeit zu sehen.

Vor Schloss Domeneck hüpfen wir erneut über den Fluss und kommen so nach **Möckmühl**, das uns einmal mehr mit einer Fachwerksilhouette begrüßt. Sie zieht sich hinauf zur Burg, die ihrerseits von einem weithin sichtbaren Fachwerkturm gekrönt wird. Bereits für 450 v. Chr. ist eine Besiedlung des Ortes nachgewiesen, dessen Name wohl auf die Mühle einer fränkischen Fürstin Mechita zurückgeht. Nachdem die Siedlung unterhalb der Burg zur Stadt erhoben wurde, fiel sie 1287 an Hohenlohe und wurde im 15. Jahrhundert an die Kurpfalz verkauft. Auf diese Weise wurde sie Alterssitz von Margarete von Savoyen aus dem Stammhaus der italienischen Könige. Die Besitzwechsel im 16. Jahrhundert lassen sich fast nicht zählen. Die Verteidigung der Anlage gegen den Schwäbischen Bund brachten Götz von Berlichingen 1519 über drei Jahre Arrest ein. Erst im 19. Jahrhundert siegten Fortschritt und Kultur über adlige Zwistigkeiten. Etwa weil Louise Franckh, die

Schwester von Friedrich Schiller, nach Möckmühl zog und 1836 auf dem Friedhof ihre letzte Ruhe fand?

Vom Fortschritt profitieren auch wir und nutzen die erst 1858 angelegte Straße nach **Widdern**, um weiter dem Lauf des Gewässers nach Jagsthausen zu folgen. Der Belag ist zweifellos jüngeren Datums, und so laden die weiten Bögen zu einem munteren Kurvenswing ein. Manchmal schmiegen sich Straße und Fluss auf gemeinsamer Höhe ganz eng aneinander, ein anderes Mal laden die weiten Wiesen vor den bewaldeten Hängen zu einem Picknick am Ufer ein.

Die 1901 durchs Tal nach Dörzbach geführte Schmalspurbahn stellte leider 1988 ihren Betrieb ein, nachdem sie bis in die 70er-Jahre als reguläres Verkehrsmittel ihren Dienst versah. Eisenbahnfreunde bemühen sich, sie wenigstens teilweise als Museumsbahn zu erhalten.

Mehr öffentliches Interesse findet die Götzenburg, die Stammburg der Herren von Berlichingen. Vor allem wenn bei den jährlichen Theater-Festspielen Goethes Stück aufgeführt wird. Im Götz-Museum in **Jagsthausen** ist die bewegliche eiserne Hand zu sehen, die der Ritter trug, nachdem er seine rechte Hand 1504 im Landshuter Erbfolgekrieg verloren hatte. Ein für damalige Verhältnisse revolutionäres Handwerksstück.

Ebenso ehrfurchtsvoll bestaunen wir,

Blick vom Michaelsberg auf Schloss Horneck (oben). Portal und Kirche von Kloster Schöntal (unten). In Krautheim hat der Restaurierer Mike Kron seine Werkstatt (unten l.).

über eine schmale, 400 Jahre alte Steinbrücke rollend, vier Kilometer später das Kloster Schöntal. Der 1310 begonnene Klosteraufbau wurde erst 1749 vollendet und ist dank millionenschwerer Investitionen heute komplett öffentlich nutzbar. Die drumherum gruppierte Gemeinde zählt nur ein paar Häuser und weist kein Neubaugebiet aus, so dass ihr historisches Bild unverändert bleibt. Die Stille dieses Ortes genießen wir bei einem Kaffee in dem gemütlichen Biergarten gegenüber.

Dann fahren wir mit Abt Knittels Versen im Kopf weiter auf der Schwäbischen Dichterstraße nach **Krautheim**, das auf eine Gründung der Franken zurückgeht. Seine Burg wurde 1213 durch Wolfrad I. von Krautheim mit hohen und dicken Schildmauern errichtet und ge-

Kurz-Check

Streckenlänge: ca. 130 km.
Charakter: Leicht. Weitgehend verkehrsarme Straßen mit durchweg gutem Belag.
Highlight: Die Fahrt durchs schöne Jagsttal, auf der uns Götz von Berlichingen begleitet.
Einkehr-Tipp: Hotel-Restaurant »Zum Lamm« in Gundelsheim mit Fahrzeugmuseum.
Absolutes Muss: Besuch von Burg Hornberg mit dem zweitältesten Weingut der Welt.

langte 1399 unter Mainzer Herrschaft. Es waren jene Streitigkeiten mit den fernen Herren, die hier 1516 den Reichsritter Götz von Berlichingen dem Mainzer Amtmann zurufen ließen: »Sag deinem Hauptmann: Vor Ihro Kayserliche Majestät hab ich, wie immer, schuldigen Respect. Er aber, sag's ihm, er kann mich im Arsch lecken.« Seine Aufforderung war also noch deftiger, als sie Volkes Mund gemeinhin zitiert.

Wesentlich geschmackvoller geht es da in **Assamstadt** zu, zu dem vor Klepsau nach links einige Serpentinen den Berg hinauf führen. Denn in dieser Obstbaugemeinde werden seit dem frühen 18. Jahrhundert edle Wässerchen aus Birnen, Äpfeln und Herzkirschen destilliert, die man in den örtlichen Brennereien kaufen kann. Ihren Genuss verschieben wir auf abends, denn schwindlig kann einem allein schon vom Straßenverlauf nach **Aschhausen** werden.

Auch der steile Aufstieg zum dortigen Schloss ist nicht ohne. Seine Besitzer sind in gewisser Weise für ihre Schwindelfreiheit bekannt, denn das ehemalige Jagdschloss vermachte Kurfürst Friedrich seinem Freund Graf Johann F. Karl von Zeppelin. Die eigentlich aus dem Mecklenburgischen stammende Familie Zeppelin, der natürlich auch der Luftschiffbauer Ferdinand angehört, besitzt die Anlage noch heute. Helga Gräfin von Zeppelin-Aschhausen kam 1962 hierher und ließ einen Teil des Schlosses inzwischen unauffällig zu Mietwohnungen umbauen. Wir können in die romantische Anlage leider nicht einziehen und trösten uns zum Schluss unserer Tour mit einem Wässerchen aus Assamstadt.

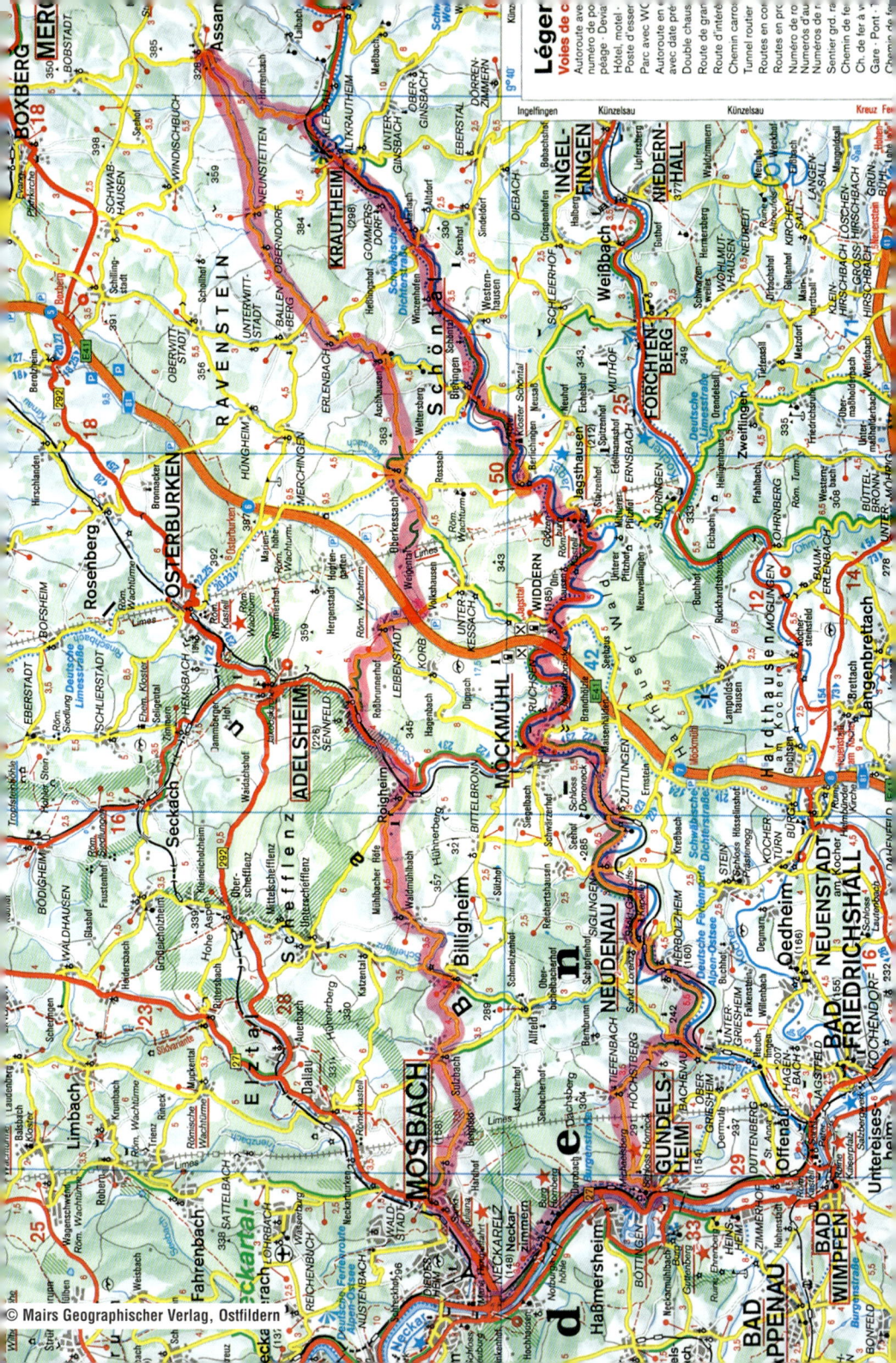

Einkaufen

Assamstadt: Obstwässer sind ein reines Destillat aus der Frucht und nicht etwa wie Himbeergeist mit Branntwein angesetzt. Das ist den Assamstädtern (Tour 10) besonders wichtig. Schnaps aus Herzkirschen, Äpfeln oder Birnen bekommt der Tourenfahrer in der Brennerei von Ludwig Leuser in der Bobstadter Straße. Fon 06294/6445.

Bensheim: An der hessischen Bergstraße (Tour 3) haben sich vier wichtige Weingüter zur »Via montana« zusammengeschlossen und bieten den Direktkauf ihrer edlen Tropfen an. Im Weingut Rothweiler in der Ludwigstraße im Bensheimer Ortsteil Auerbach führt Hanno Rothweiler auf Anfrage (Fon 06251/76569) sehr humorvoll durch seinen Keller, in dem u. a. Dornfelder und Grauburgunder lagern und unter dem Etikett »Auerbacher Fürstenlager« abgefüllt werden. Wer genug Platz auf dem Motorrad hat, kann sogar Magnumflaschen mitnehmen. Eine Besonderheit sind Obstlinge von Quitte oder Schlehe im Steingutkrug. Oberhalb Bensheims liegt auf dem Kirchberg das Kirchberghäuschen, wo außergewöhnlich süße Fruchtweine angeboten werden.

Frankfurt: Frische Lebensmittel aus dem regionalen Anbau sowie fangfrischen Fisch aus dem Main (z. B. Zander, Barsch und Hecht) findet man in der Frankfurter Kleinmarkthalle, die zentral zwischen Römer und Hauptwache in der Hasengasse liegt. In der seit 1879 existierenden Halle werden an allen Werktagen und Samstagen ab 7.30 Uhr außerdem auch internationale Spezialitäten angeboten.

Miltenberg: Den typisch fränkischen Wein im Bocksbeutel (Tour 6), wie den »Miltenberger Steingrübler«, bekommt man beim Weingut von Otto Knapp in der Bürgstadter Straße. Fon 09371/3989. Ein Lieblingskind der Familie ist seit Jahrzehnten die Scheurebe, es gibt aber auch Neuzüchtungen wie Kerner, Bacchus oder Ortega.

Reichelsheim: Ohne hausgemachten Apfelwein darf man von einer Odenwaldtour nicht heimkehren. Den gibt es z. B. auf dem Sonnenhof (Fon 06164/1514) im Reichelsheimer Ortsteil Unter-Ostern (Touren 4 oder 5).

Essen und Trinken

Zur Pflege der kulinarischen Vielfalt des Odenwaldes haben sich Gasthäuser aus verschiedenen Regionen zusammengeschlossen, um traditionelle Gerichte anzubieten. Dort lernt man die typische Odenwälder Küche kennen und lieben (www.odenwaldgasthaus.de). Die Rheinebene ist ein bekanntes Spargelanbaugebiet. Im westlichen Odenwald sind die Odenwälder Lammwochen vor Ostern hervorzuheben. Im Herbst stehen um das Erntedankfest die Kartoffelwochen an und Ende Oktober die Wildwochen mit heimischem Wildbret. Längs der Flüsse Main und Neckar gehört Zander in Riesling zu den Spezialitäten. Im hinteren Odenwald sollten die fränkischen Besonderheiten nicht unversucht bleiben, und selbst wenn es unterwegs nur eine so genannte Fränkische Vesper ist (www.weinland-franken.de).

Sport und Aktivitäten

Wer sich nicht nur im Motorradsattel bewegt, kann im Odenwald praktisch allen Sportarten nachgehen. Auf den vier großen Flüssen und zahlreichen Seen ist natürlich Wassersport möglich, namentlich Segeln auf dem Neckar bei Hirschhorn, Wasserski auf dem Main bei Collenberg (www.campingmaintal.de) oder Surfen auf dem Marbach Stausee. Schwindelfreie klettern am Hohenstein bei Reichenbach oder lernen gar fliegen, beispielsweise in Michelstadt oder Mosbach. Ohne spezielle Ausrüstung kann der Biker bei einer Pilzlehrwanderung in Bad König oder bei einer Bergstraßen Weinlagenwanderung (www.weingut-rothweiler.de) aktiv sein. Hat das Motorradfahren zu sehr ermüdet, kann man sich chauffieren lassen und eine Planwagenfahrt durch das Taubertal oder eine Postkutschenfahrt von Walldürn nach Buchen unternehmen. Fon 06282/67107. Einen anderen Blickwinkel auf den Odenwald ermöglicht eine Flussfahrt über den Neckar (Fon 06221/20181) oder über den Main (Fon 09371/3330). Sollte jemand überhaupt nicht vom Motorrad lassen können, bietet sich für ihn ein Trial-Lehrgang in Großheubach an (www.msc.grossheubach.de).

Karten und Klima

Einen ausreichenden Überblick, auch über den Odenwald hinaus, verschafft die Generalkarte, Nr. 9 »Hessen Süd«, im Maßstab 1:200.000 (7,50 Euro). Selbst kleinste Nebenstraßen und Feldwege zeigt die Deutsche Ausflugskarte von Falk, Blatt 34 »Bergstraße, Odenwald, Kraichgau«, im Maßstab 1:100.000 für 6,50 Euro. Noch genauer nehmen es die österreichischen Kompasskarten im Maßstab 1:75.000, die für 6,95 Euro in erster Linie Wanderer ansprechen. Sehr gute Regionalkarten erhält man übrigens oft sogar kostenlos bei den Touristikverbänden und Informationsstellen.

Zahlreiche Führer gibt es außerdem zu Themenstraßen wie die »Deutsche Ferienstraße Alpen-Ostsee«, Fon 05681/7750, oder die »Nibelungenstraße«, Fon 06255/2425. Vertiefend auf einen Urlaub vorbereiten kann man sich z. B. mit dem DJH-Wegweiser »Auf den Spuren der Römer« vom Deutschen Wanderverlag Dr. Mair & Schnabel & Co. (9,95 Euro) mit den schönsten Strecken entlang des Limes und zu römischen Bauresten. Oder man studiert die kulinarischen Höhepunkte in »Kochkäs, Most und Wildschweinbraten« von Heinrich Höllerl (9,90 Euro).

Den Odenwald bereisen kann man eigentlich das ganze Jahr über. An der Bergstraße beginnen mitunter schon Ende Februar Frühling und Baumblüte, doch auf den Höhen ist es noch Wochen später empfindlich kühl. In den Langlaufgebieten kann noch Schnee liegen. Im Sommer ist es im Rheintal häufig schwül und drückend, dann gehen zum Teil heftige, kühlende Gewitter nieder.

Am ausgeglichensten ist es im Herbst, denn vor allem um den meist sonnigen September herum ist es in den Höhenlagen und Niederungen angenehm warm. Doch im Grunde darf sich der gut gerüstete Tourenfahrer noch bis Mitte November sicher fühlen.

Feten und Folklore

- Zweites März-Wochenende: Schwarzpulver Rallye für Motorräder in Hammelbach
- Zweites Mai-Wochenende: Apfelblütenfest in Höchst/Odw.
- Erstes Wochenende nach Pfingsten: Kunsthandwerkermarkt in Zwingenberg/Bergstr.
- Erster Samstag im Juni: Festliche Schlossbeleuchtung in Heidelberg
- Erstes September-Wochenende: Ritterfest und mittelalterlicher Markt in Hirschhorn
- Erste Septemberwoche: Bergsträßer Winzerfest in Bensheim
- Zweites September-Wochenende: Ladenburger Altstadtfest
- Drittes September-Wochenende: Odenwälder Kartoffelmarkt in Höchst/Odw.

Bayerischer Hof Boxbrunn

Boxbrunn 8
63916 Amorbach
Fon 09373/1435
Fax 09373/3208
www.bayerischerhof-boxbrunn.de
eMail: bayerhofboxbrunn@aol.com
Ü/F pro Person ab 24,50 Euro (Doppelzimmer als Einzelzimmer buchbar).
Verkehrsgünstig auf einer hübschen Hochebene direkt an der »Nibelungenstraße« gelegen, ist der Bayerische Hof schon seit über 100 Jahren in Familienbesitz. Die Küche nutzt überwiegend Produkte der heimischen Landwirtschaft. Zu den Spezialitäten gehören Wildgerichte, Bayerische Wochen, im Spätsommer Pilzgerichte und im Herbst Enten- und Gänsebraten. Inhaber Edgar Hilbert hat Erfahrung auch mit größeren Motorradgruppen und stellt eine abschließbare Garage zur Verfügung.

Hotel Wilder Mann

Löherstr. 51
63739 Aschaffenburg
Fon 06021/3020
Fax 06021/302234
www.hotel-wilder-mann.de
eMail: info@hotel-wilder-mann.de
EZ/ÜF 61,00 Euro, DZ/ÜF 85,00 Euro.
Für anspruchsvolle Tourenfahrer bietet das denkmalgeschützte Drei-Sterne-Hotel am Mainufer eine gepflegte Atmosphäre mit Sauna und römischem Garten. Eine Besonderheit ist das römische Menü (ab 10 Personen) nach einem überlieferten Rezept des Hofkochs von Kaiser Augustus, Marcus Gavius Apicius. Dazu werden original Centurio-Weine serviert. Mit 24,80 Euro pro Person ist der kulinarische Spaß durchaus bezahlbar. Man fühlt sich im Wilden Mann auf Anhieb wohl, denn sein Besitzer fährt selbst Motorrad.

Hotel Wilder Mann: Gepflegte Atmosphäre mit Saunabereich und römischem Garten.

Hotel Weinhaus Am Alten Markt

Marktplatz 185
63897 Miltenberg
Fon 09371/5500
Fax 09371/65511
www.hotel-ami.de
EZ/ÜF 38,00 Euro, DZ/ÜF 61,00 Euro.
In dem stattlichen Fachwerkhaus verbindet sich die rund 500-jährige Geschichte mit moderner Gastlichkeit. Inmitten der historischen Altstadt zu Füßen der Mildenburg gelegen, verwöhnt das Hotel besonders mit fränkischen Weinen aus eigenem Anbau und regio

nalen Spezialitäten. Auf der kleinen Terrasse kann man den Blick auf den Alten Markt genießen. Auch wenn es keine speziellen Angebote gibt, darf sich der Motorradfahrer stets über den aufmerksamen Service und das hilfsbereite Personal freuen.

Hofgut Rodenstein

64407 Fränkisch-Crumbach
Fon 06164/1087
Ü/F pro Person 33,00 Euro, unabhängig ob Einzel- oder Doppelzimmer.
Idyllischer geht es kaum. Am Ende eines langen Tals gelegen, ist schon der einsame Anfahrtsweg ein Genuss. Keine 50 Meter hinter dem Fachwerkhaus erhebt sich die Burg des sagenumwobenen Ritters von Rodenstein. Von der Terrasse aus blickt man ins Tal mit Bachlauf. Übernachtungen sind leider nur am Wochenende möglich. Da häufig Hochzeitsgesellschaften zu Gast sind, sollten interessierte Motorradfahrer rechtzeitig buchen. Die »sagenhafte« Atmosphäre ist es auf jeden Fall wert.

Hofgut Rodenstein: Eine Idylle am Waldrand mit herrlichem Blick ins Tal.

traditioneller Treffpunkt für Motorradfahrer. Schöne Aussicht, Zimmer mit Balkon, die große Terrasse und ein separates Gästehaus sorgen für Urlaubsstimmung inmitten von Wald und tollen Strecken. Spezialitäten der Küche sind Wildgerichte und hausgebackene Kuchen. Motorräder können kostenlos in der abschließbaren Garage untergestellt werden.

Hotel Waldgasthof Reußenkreuz

Reußenkreuz 2
64759 Sensbachtal/Obersensbach
Fon 06068/2263 oder 2086
Fax 06068/4651
www.reussenkreuz.de
eMail: info@reussenkreuz.de
EZ/ÜF 36,00 Euro, DZ/ÜF 72,00 Euro
(DZ auch als Einzelzimmer buchbar).
In 550 Meter Höhe auf dem Krähberg unmittelbar an der ehemaligen Rennstrecke gelegen, ist der Waldgasthof ein

Hotel Gasthof Hirsch

Schulstr. 3 – 7
64757 Rothenburg
Fon 06275/91300
Fax 06275/913016
www.hirsch-hotel.de
eMail: hirsch@hirsch-hotel.de
EZ/ÜF 36,00 Euro, DZ/ÜF 72,00 Euro.
Auf der Hirschhorner Höhe an der wunderschönen Strecke vom Neckartal ins Herz des Odenwaldes liegt Rothenberg in knapp 500 Meter Höhe. Der Gasthof

bietet einen tollen Apfel- und Weinkeller mit dem Angebot zur Weinprobe. Sehr schmackhaft ist die traditionelle odenwälder Küche. Auch für das Motorrad wird gesorgt: Zur Verfügung stehen Trockenraum sowie Garage.

Hotel Gasthof Hirsch: Hier kommt die typische odenwälder Küche auf den Tisch.

Biker's Rest

Ralf Grünwald
Stallenkandel 14
69843 Wald-Michelbach
Fon 06207/1884
www.bikersrest.de
eMail: pension@bikersrest.de
Ein Appartement mit Schlafz. für 2 Personen, Wohnz. (mit zusätzlicher Doppelcouch), kleiner Küche, Bad, Terrasse kostet pro Nacht und Person 20,00 Euro. Man wohnt sehr familiär im Haus der Grünwalds. Es liegt oberhalb der ehemaligen Bergrennstrecke Zotzenbach, Der Besitzer fährt selbst seit 30 Jahren Motorrad. Fünf Motorradmuseen gibt es im Umkreis. Für Biker steht eine beleuchtete Garage mit Reparaturmöglichkeiten zur Verfügung.

Hotel Restaurant Zum Lamm

Fritz Schmid
Schlossstr. 25 - 27
74831 Gundelsheim
Fon 06269/42020
Fax 06269/420299
www.lamm-gundelsheim.de
DZ/ÜF ab Euro 72,00.
Dass man sich als Motorradfahrer in dem Fachwerkhaus in der Gundelsheimer Altstadt sofort wohl fühlt, hat vier Gründe: die schwäbische Gemütlichkeit, das ausgezeichnete Essen, die romantischen Zimmer und die originelle Person des Fritz Schmid.

Restaurant Hotel Zum Lamm: schwäbische Gastlichkeit und ausgezeichnetes Essen.

Camping Haide

Ziegelhäuser Landstr. 91
69151 Neckargemünd
Fon 06223/2111
Fax 06223/71959
www.camping-haide.de
Lage: Im Neckartal nahe Heidelberg.
Preise: Person 4,60 Euro; Zelt mit Motorrad 3,80 Euro. Matratzenlager 6,50
Euro; Blockhütte ab 7,50 Euro.

Odenwald Camping

Willy-Grimm-Straße
74838 Limbach-Krumbach
Fon 06287/1485
Fax 06287/4456
www.odenwald-camping.de
Lage: An einem Bachlauf nahe des
Limes. Preise: Person 5,50 Euro;
Zelt mit Motorrad 7,50 Euro.

Campingplatz Tiefertswinkel

Am Schwimmbad
64658 Fürth/Odenwald
Fon 06253/5804
Fax 06253/3717
www.camping-fuerth.de
Lage: Idyllisch von Wald umgeben in
einem Tal. Preise: Person 3,30 Euro;
Zelt mit Motorrad ab 3,50 Euro.

Camping Am Fuße der Tromm

Gasse 17
64689 Grasellenbach-Hammelbach
Fon 06253/3831
Fax 06253/22947
www.camping-hammelbach.de
Lage: Parkähnliche Anlage am Fuße
eines Aussichtspunktes. Preise: Person
3,60 Euro; Zelt mit Motorrad ab 3,00
Euro (je Stellplatz).

Camping Maintal

Schlossstraße 42
97903 Collenberg
Fon 09376/1270
Fax 09376/9740048
www.campingmaintal.de
Lage: Direkt am Mainufer mit Terrasse. Preise: Person 4,50 Euro; Zelt mit
Motorrad ab 2,90 Euro.

See-Camping Freudenberg

Mühlgrundweg 10
97896 Freudenberg am Main
Fon 09375/8389
Fax 09375/1431
www.familien-und-freizeit-camping.de
Lage: Idyllisch zwischen Mainufer und
einem See mit Naturpark. Preise: Person ab 4,50 Euro; Zelt mit Motorrad ab
4,00 Euro.

Campingplatz St. Leoner See

68789 St. Leon-Rot
Fon 06227/59009
Fax 06227/880988
www.st.leoner-see.de
Lage: Ruhig und landschaftlich sehr
reizvoll in der Nähe des Ortsteiles St.
Leon an zwei Seen gelegen. Preise:
Person ab 3,50 Euro; Zelt mit Motorrad ab 4,00 Euro.

Campingpark Wertheim-Bettingen

97877 Bettingen
Fon 09342/7077
Fax 09342/913077
Lage: Sehr hübsch in der Nähe der
Stadt Wertheim am Ufer des Mains.
Der Platz befindet sich neben dem
Yachtclub. Preise: Person 4,00 Euro;
Zelt mit Motorrad 4,00 Euro.

Leckerer Apfelwein

Die meisten verziehen das Gesicht, wenn Apfelwein aufgetischt wird. Obwohl sich Fernseh-Unterhalter Heinz Schenk mit seinem »Blauen Bock« über 20 Jahre lang redlich Mühe gab, bleibt die Popularität des Naturgetränks auf den südhessischen Raum beschränkt. Immerhin werden allein in der Mainmetropole Frankfurt im Jahr 55 Liter pro Kopf getrunken.

Anders als der englische Cider, der französische Cidre oder die spanische Cidra wird das Getränk in Hessen voll durchgegoren, wodurch das »Orewäller Stöffche« wesentlich herber schmeckt als seine ausländischen Kollegen. Zucker darf keinesfalls hinein, das verbietet die Fruchtweinrichtlinie. So enthält seit Jahrhunderten ein Liter vergorener Apfelpresssaft fünf Prozent Alkohol und 20 Gramm zuckerfreien Extrakt, bei naturreinem Apfelwein ist es von beidem ein Zehntel mehr. Die Wirkung des Alkohols sollte man also auf einer Tour an einem warmen Sommertag nicht unterschätzen. Richtig genussvoll ist der Fruchtwein, wenn es viele Tage hintereinander über 25 Grad Celsius hatte, denn gerade wegen seiner herben Frische ist das sanft sprudelnde Traditionsgetränk ein prima Durstlöscher. Wer viel Wert auf echte Trinksitten legt, sollte den auf 11 Grad temperierten Äppelwoi aus dem Keramikbembel in das typische Rippenglas füllen. Die Rippen geben dem etwas trüben Wein nicht nur ein sonniges Funkeln, sondern machen das Glas auch besonders griff-

fest. Weil altdeutsches Essen ziemlich fettig war, verhinderte diese Gestaltung des Trinkbechers schon im 15. Jahrhundert, dass er allzu leicht aus den Fingern glitt.

Ebenfalls aus historischen Gründen ist der Apfelwein ausgerechnet im Frankfurter Raum so beliebt. Zunächst versuchte man sich hier wie an der warmen Bergstraße mit dem Anbau von Weinreben, doch das kühlere Klima ließ die Odenwälder Bauern auf das Keltern ihrer heimischen Äpfel umsteigen. Ab dem 18. Jahrhundert war Apfelwein dann das Getränk der weniger Wohlhabenden, während sich die reichen Bürger teuren Traubenwein aus ferneren Regionen leisten konnten.

Äppler-Cola gefällig?

Um die Erschließung anderer Gebiete bemühen sich in einer neuen Kampagne einmal mehr die Produzenten. So erfreut sich hessischer Apfelwein unter Hamburger Jugendlichen steigender Beliebtheit – weil er dort als »Cooper's Cider« vermarktet wird. Oder es locken Mischungen wie Apfelwein-Bier und Äppler-Cola. Ältere Semester und Traditionalisten bekommen bei solchen Kreationen natürlich eine Gänsehaut. Sie trinken höchstens heißen Apfelwein im Winter als altes Hausrezept gegen Erkältungen.

Tradition am Gas

Ob auf Rennstrecken, bei Fahrerlehrgängen oder in Museen – im Odenwald wird der Motorsport groß geschrieben.

Die Region des Odenwaldes ist seit jeher für Motorsport in allen Facetten und Motorradenthusiasmus bekannt. Im Herzen des Odenwaldes, in Hammelbach, hat einer der ältesten Motorradhändler von Deutschland seinen Sitz: einst Importeur von Moto Guzzi und Ducati, heute von Voxan. In Bensheim ist Suzuki-Deutschland beheimatet. Renn-Lady Katja Poensgen wohnt im benachbarten Lorsch, und der Supermoto-Pilot und Zweiradakrobat Horst Hoffmann aus Lindenfels trainiert in dem Ort Schlierbach (www.ims-schlierbachtal.de). Wer den Duft von Öl und Gummi mag, kann sich hier einen unterhaltsamen Cocktail aus »Kultour« und Action mixen.

Der Hockenheimring, nur 15 Kilometer von Heidelberg entfernt und auf dem Weg zum Kleinen Odenwald liegend, ist sicher jederman ein Begriff. Neben den bekannten Rennterminen sind hier auch Fahrer- und Sicherheitstrainings sowie Touristenfahrten besonders interessant. Natürlich gibt es auch ein Motorsportmuseum (www.hockenheimring.de). Schon etwas weiter zurück liegen die Zeiten des Riedrings um Lorsch, auf dem in den 50er-Jahren immerhin Läufe zur Deutschen Motorradmeisterschaft gefahren wurden. In einer Kurve des alten Landstraßenkurses finden heute Musikveranstaltungen wie »Rock am Riedring« oder das jährliche Chopper-Treffen statt (www.motorradfreunde-lorsch.de). Die Spannung der Krähbergrennen und das Kurvenlabyrinth vom Berg-

preis Zotzenbach können wir noch immer in voller Pracht erleben. Denn obwohl beide Veranstaltungen in den 70er-Jahren endeten, sind diese Bergrennstrecken noch immer beliebte Treffpunkte und Teil unserer Touren 3 bzw. 5. Und Tour 8 führt durch die Heimat des legendären Motorradkonstrukteurs und Weltmeisters Helmut Fath.

Natürlich lockt die Topographie auch weg vom Asphalt, Geländesport bietet sich geradezu an. So wurde 1982 im Kleinen Odenwald bei Mauer die Enduro-Europameisterschaft ausgetragen, und in der Nachbargemeinde Schatthausen finden nach wie vor Läufe zu Trial-Meisterschaften statt. In Großheubach (Tour 6) kann man im Zweirad-Übungszentrum die Kunst des Trial-Fahrens erlernen (www.mscgrossheubach.de).

Spannenden Motorsport vor der Kulisse der Bergstraße bietet das international besetzte Supermoto-Rennen in Bensheim.

Lorscher Kodex

Fast 500 Jahre lang war Lorsch ein Machtzentrum des Deutschen Reiches, seine Chroniken sind von großer wissenschaftlicher Bedeutung.

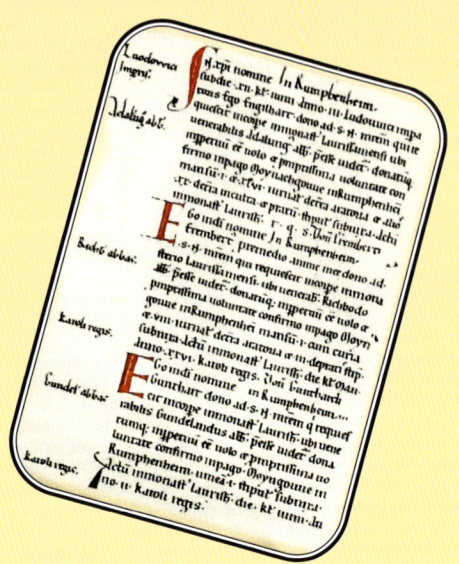

Pippin der Jüngere hatte 751 den letzten König der Merowinger, Childrich III., abgesetzt und war 754 vom Papst zum König des gesamten Fränkischen Reichs gekrönt worden. Unter Pippins Herrschaft blühte besonders der rechtsrheinische Teil des Reiches, Germanien, auf. Dort gründeten 764 Gaugraf Cancor und seine Mutter Williswinda im heutigen Lorsch (Lauresham) ein Kloster. Zehn Jahre später wurde es in Anwesenheit von König Karl I., Pippins Sohn, geweiht. Unter Karl dem Großen und der darauf folgenden Herrschaft der Karolinger stieg Lorsch zu einem der wichtigsten Machtzentren auf. 876 bestimmten es die deutschen Karolinger zu ihrer letzten Ruhestätte. Ludwig der Deutsche, sein Sohn und Kunigunde, die Gemahlin Konrads I., sind u. a. hier begraben. Das Kloster des Heiligen Nazarius mehrte seinen Besitz, der bald mit über 3.800 Stiftungen von der Nordseeküste der heutigen Niederlande bis in die Schweiz reichte.

Um darüber einen Überblick zu bekommen, wurde in der zweiten Hälfte des 12. Jahrhunderts der so genannte Lorscher Kodex (Codex Laureshamensis) angelegt, in dem alle Beurkundungen zusammengefasst wurden. Im Unterschied zu den meisten Auflistungen jener Zeit, die üblicherweise geographisch erfolgten, ist der Lorscher Kodex chronologisch geordnet, also nach den Zeitpunkten der Besitznahme ab dem Jahre 764. Den mittelalterlichen Bearbeitern ging es in erster Linie um die geschichtliche Entwicklung der Lorscher Grundherrschaft. Dies geschah anhand von kurzen Kapiteln mit Kommentaren und Einschüben, die den entsprechenden Urkunden vor- oder nachgesetzt wurden und damit einen roten Faden durch das Werk zogen. Es ist eine unersetzbare Quelle, die meist Unikate enthält. Daher berufen sich viele deutsche sowie mitteleuropäische Städte und Gemeinden in ihrer Gründungsgeschichte auf diesen Lorscher Kodex. Das 800 Jahre alte Original wird heute im Staatsarchiv Würzburg aufbewahrt, die Stadt Lorsch besitzt seit 2002 ein Faksimile.

Die Abtei pflegte auch Wissenschaft und Kunst und besaß eine der größten Bibliotheken des Mittelalters. Die nach Auflösung des Klosters 1555 erhalten gebliebenen Codices befinden sich heute in verschiedenen Bibliotheken Europas, vor allem in der Vatikanischen Bibliothek (www.kloster-lorsch.de).

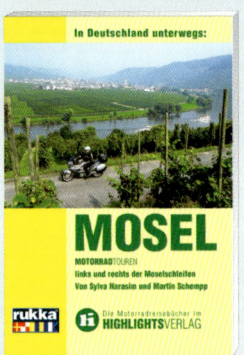
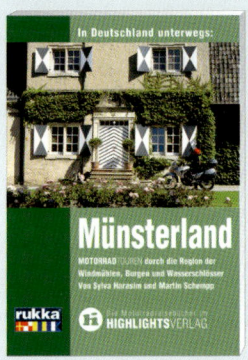
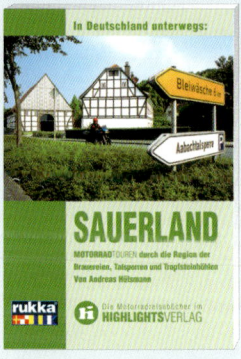

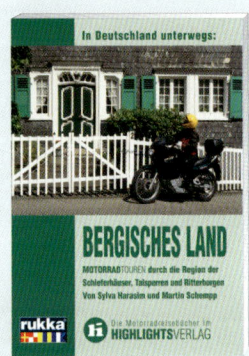

Kaffee-Fahrt

Im Odenwald treffen sich die Biker an alten Rennstrecken, in typischen Gasthäusern oder mitten in der Natur.

E inen ersten Vorgeschmack auf die Odenwälder Sammelpunkte kann sich der Motorradtourist schon auf der Autobahn holen: Am **Rasthof Alsbach** an der A 5 stehen sonntagmorgens immer besonders viele Einspurige. Manche schauen nur einfach so vorbei, doch die meisten kommen aus den Ballungszentren um Frankfurt und sammeln sich hier vor dem Ritt in die Berge. An Rennwochenenden geht es auch weiter nach Hockenheim.

Gemütlicher als neben der Autobahn ist es ein paar Kilometer weiter auf der Terrasse beim **Balsse Peter** in Balkhausen (täglich ab 11.00 Uhr, durchgehend warme Küche, Montag Ruhetag), wo man schon die frische Luft des Odenwaldes atmen kann und sich bereits auf der Strecke unserer Touren 3 und 4 befindet.

Zu den überregional bekanntesten Motorradtreffpunkten zählt zum einen der **Buckelwirt** im Sensbachtal (Montag Ruhetag), vor dessen bäuerlichem Gebäude stets eine große Maschinenzahl auf der Wiese steht. Einige hundert Meter weiter auf einem Parkplatz an der Kurvenstrecke nach **Beerfelden** fachsimpelt die gebückte Fraktion über die Idealinie der Vorbeifahrenden (am Wochenende gesperrt). Und da ist noch Eddi Edelstahl mit seinem gänzlich aus dem rostfreien Metall aufgebauten **Café Hill Up** (Wochenende und feiertags ab 9.00 Uhr) in Hesseneck-Kailbach. Gleich daneben liegt die familiär geführte Gaststätte **Waldeslust**, die sich erst gar keinen Ruhetag gönnt. So ziehen Motor-

radfahrer hier im Auslauf der ehemaligen Bergrennstrecke über den Krähberg gleich das doppelte Los.

Auf der anderen Seite des Krähbergs treffen sich die Motorradfahrer an der B 460 sozusagen in freier Natur. Denn der Parkplatz am **Marbach-Staubecken** ist an jedem Tag der Woche und zu jeder Jahreszeit eine Anlaufstelle für Biker aus der gesamten Region. An warmen Wochenenden kommen schnell ein paar Hundert zusammen, dann freuen sich die Betreiber von Imbiss- und Eiswagen über den Umsatz.

Seit die ehemalige Bergrennstrecke **Zotzenbach** am Wochenende für Motorradfahrer gesperrt ist, ist das Treffen in der »Applauskurve« stark geschrumpft. Aber unter der Woche erzählen hier immer noch Schräglagenfreunde von alten Zeiten. Als Ersatz haben sich in jüngster Zeit neue Treffs herauskristallisiert, wie das am Katzenbuckel bei Eberbach gelegene **BikerCamp** (Mai bis Oktober, Dienstag bis Freitag ab 17.00 Uhr, Samstag ab 14.00 Uhr und Sonntag ab 10.00 Uhr) in der Ortsmitte von Strümpfelbrunn oder die **Caféteria am Hallenbad** (Montag Ruhetag) in Michelstadt. Auch in der **Waldklause** im Reichelsheimer Ortsteil Beerfurt versammeln sich am Wochenende bis 20.00 Uhr die Zweiradjünger.

In der Nähe unserer Route 3 trifft man Motorradfahrer an einer schönen Stelle am Rhein: Auf der Höhe von Darmstadt in einer Gartenwirtschaft an der Anlegestelle der Fähre nach Niersein.

Stichwortverzeichnis

IMPRESSUM

In Deutschland unterwegs:
ODENWALD

erscheint im Highlights-Verlag
Harasim und Schempp GbR
Ringstraße 11
53881 Euskirchen
Fon 02251/74760
Fax 02251/74761
www.highlights-verlag.de

Herausgeber:
Sylva Harasim und Martin Schempp
in Zusammenarbeit mit RUKKA

Texte: Stephan H. Schneider
Sabine Dibowski

Lithographie:
COLLIBRI
Königswinter
Fon: 02223/90760

1. Auflage 2004

ISBN 3-933385-25-3

Fotos:
Titel: »Faules Viertel« Heppenheim
Rückseite: Pause bei Aschaffenburg
alle Fotos: Stephan H. Schneider,
außer: S. 86 Hotel Wilder Mann,
S. 88 Hotel Hirsch, Hotel Zum Lamm

Karten:
Generalkarte 1:200.000
Mairs Geographischer Verlag

Gestaltung: Sylva Harasim

Druck und Bindung:
KARO-Druck OHG
Pillhof 25
I-39010 Frangart